KB239476

가림출판사

당신은 지금 어떠한 삶을 살고 있는가? 당신의 꿈과 비전이 이루어질 기쁨으로 다가오는 시간을 향해 힘차게 나아가고 있는가? 당신이 바라는 것을 이루면서 살고 있는가?

사람은 자신이 태어나는 시대와 장소, 환경을 마음대로 선택할 수 없다. 그러나 두 발을 땅에 딛고 일어서면서부터는 모든 것이 자신에게 달렸다. 그리고 자신이 어떤 생각을 하고, 어떻게 살아가느냐에 따라서 무한한 가능성 중에 한 길을 가며 꿈을 꾸고 이루게 된다.

성공적인 삶을 출발하는 시작점은 바로 자신이 선 곳을 똑바로 알고 굳건히 서는 것이다. 그 다음은 어디로 향해야 하는지를 아는 것이다. 꿈과 비전은 그 방향을 제시한다. 꿈과 비전이 등대처럼 앞을 비추어준다면 두려움 없이 담대하게 자신의 길을 갈 수 있다.

버락 오바마는 이제 백악관에 한걸음 더 가까이 다가갔다. 그 문이 열리면 오바마는 미국 역사상 최초의 흑인 대통령이 되는 어릴 때부터의 꿈과 희망을 달성한다. 그가 특별히 미국인을 비

롯한 전 세계인의 주목을 받는 가장 큰 이유는 피부색이 검은 흑인으로서 대통령에 도전했기 때문이다. 그는 미국 역사 속에서 가장 큰 문제인 인종 차별 문제가 아직 완전히 해결되지 않았고, 흑인이 아직은 소수민족과 약자에 속하는 때에 모든 사람의 상상을 뒤엎고 제44대 대통령에 도전하고 있다. 사람들은 오바마를 검은 돌풍이라고 부른다.

그러나 오바마라는 검은 돌풍은 갑자기 시작되지 않았다. 원인이 있었고, 진원지가 있었으며, 길이 있고, 과정이 있었다. 흑인과 백인의 혼혈인 오바마는 케네디 대통령과 킹 목사가 미국을 향해 꿈과 비전을 선포하던 때에 태어났다. 그들은 암살되었고 오바마는 자신의 정체성에 갈등을 느끼면서 자라났다. 그러나 그들이 선포한 꿈과 비전은 그의 가슴속 깊이 새겨졌다.

그로부터 40여 년이 지난 지금 오바마는 미국을 향해 꿈과 비전 즉 새로운 시대의 변화와 통합과 희망의 메시지를 던지고 있다. 그가 대통령이 되든, 되지 않든 그것은 이제 문제가 되지 않는다. 그 비전의 메시지는 이미 미국 국민들의 마음속에 각인되

어 있기 때문이다. 이것은 수많은 사람들이 오바마를 향해 환호성을 보내며 지지하고 있는 이유이다.

이 책을 통해서 당신은 원대한 꿈과 비전을 가지게 될 것이다. 어떤 환경에 처해져도 이룰 수 없는 꿈이 없다는 사실을 깨닫게 될 것이며, '나는 할 수 있다' 는 긍정적이고 적극적인 삶의 태도를 갖게 될 것이다. 또한 지금부터는 삶의 방식이 달라져야 한다는 것을 절감할 것이며, 원대한 꿈과 비전이 바로 당신 앞에 다가와 문을 열어주기만을 기다린다는 설렘을 느끼게 될 것이다.

2008년 4월

정 영 순

버락 오바마는 누구인가

버락 오바마는 미국의 첫 번째 흑인 대통령이 되는 것을 꿈꾸고 있다. 이를 실현하기 위해서 그는 2007년에 미국 제44대 대통령에 출마를 선언했다. 그는 자신의 대통령 출마를 공식적으로 선언한 장소에 특별한 의미를 두었는데, 이는 자신이 출마하려는 의지가 무엇인지를 무언으로 정확하고도 강력하게 표현하는 것이기도 하다. 그 장소는 바로 일리노이 주 스프링필드의 옛 주 의회 빌딩 앞으로, 1960년대 흑인 인권 문제에 앞장 섰던 마틴 루터 킹 목사가 그 유명한 연설 "나에게는 꿈이 있습니다!"를 외쳤던 곳이다.

그러나 킹 목사와 똑같은 인종 문제를 갖고 나오려고 오바마가 그곳을 택한 것은 아니다. 그는 미국 국민들에게 그들이 꼭 가져야 할 꿈을 꾸어야 한다는 것을 제시하려 했던 것이다.

오바마는 민주당 경선 대회에서 민주당 대통령 후보로 선출되기 위해서 민주당의 또 다른 강력한 후보인 힐러리 클린턴과 접전을 벌여 승리를 눈앞에 두고 있다.

오바마는 특별히 이라크에 파병된 자국 군인들을 전원 철수시키는 것을 핵심 공약으로 내세우고 있다. 그뿐 아니라 자신이 대통령이 되면 전 국민이 건강 보험 혜택을 누리게 하고, 세금제도를 개편하는 등 사회복지 정책을 개혁함으로써 일반 서민층이 받아야 할 혜택을 받게 하겠다고 한다. 그 외에도 대체 에너지를 개발하고, 지식 정보화 강국을 만들기 위해 초고속 통신망을 조속히 구축하겠다고 한다. 또한 투명한 정치제도 개혁에 대한 의지를 내보이고 있다.

강력한 민주당 대통령 후보로 떠올라서 미국뿐 아니라 세계 각국의 지대한 관심을 받고 있는 오바마가 정치계에 몸을 담은 지는 다른 후보에 비하면 그리 오래되지 않는다. 그는 대통령에 출마하기에는 아직 연륜이 쌓이지 않은 새로운 인물이라 할 수 있다. 그런 오바마가 정치계에 첫발을 디딘 것은 1996년 주의회 상원의원에 선출되면서부터이다. 2000년에는 하원의원 경선에 떨어졌지만, 그 한 번을 제외하고는 1998년과 2002년에 상원의원으로 선출되는 쾌거를 올렸으며, 2004년까지 일리노이 주 상원의원으로 활동했다. 무엇보다 2005년에 그가 연방 상원의원에 발을 들여놓은 것은 특별한 의미가 있다. 왜냐하면 그는 현직의원 중에서 유일한 흑인일뿐 아니라 미국 역사상 다섯 번째의 흑인 상원의원이기 때문이다.

특별히 오바마가 미국 국민 앞에 정치인으로서 존재를 드러낸 것은 2004년에 있었던 민주당 전당 대회에서였다. 그 전당 대회에서 한 기조 연설은 국민들의 열정적인 환호를 이끌어내었다. 바로 그 기조 연설로 오바마는 정치적 스타로 급부상했고, 2007년에 대통령 출마 선언을 하기까지 거침없이 돌진하고 있다.

언제부터인가 돌풍처럼, 혜성처럼 나타나서 어느덧 백악관 주인의 자리에 도전하는 오바마는 과연 어떤 과정을 거쳐서 거기까지 갈 수 있었을까?

오바마는 1961년에 하와이에서 백인 어머니와 흑인 아버지 사이에서 흑백의 혼혈로 태어났다. 케냐에서 미국으로 유학 온 아버지는 하와이 대학교에서 어머니를 만나 결혼했다. 그러나 오바마가 두 살이 되었을 때 하버드 대학교에 입학하기 위해 하와이를 떠난 후 어머니와 이혼하였다.

그 후 어머니는 하와이에서 유학 중이던 인도네시아인과 재혼하였고, 오바마는 어머니를 따라 의붓 아버지의 나라인 인도네시아에 가서 6세에서 10세까지 지내게 되었다. 그리고 10세 때 어머니를 따라 하와이로 돌아왔다.

오바마는 어머니가 일과 공부 문제로 자주 집을 떠나있어야 했던 관계로 거의 백인인 외조부모와 10대를 보냈다. 당시 그는 백인 사회에서 흑인으로 살면서 다른 흑인들과 마찬가지로 자신의 정체성에 대해 갈등하였다. 10대에 방황하며 마약에 손을 대는 지울 수 없는 실수를 한 적도 있었다.

그러나 오바마는 정체성에 대한 갈등을 잘 이겨내고, 정치학을 전공한 후 1983년에 컬럼비아 대학교를 졸업했다. 그 후에 뉴욕의 다국적 컨설팅 회사에 잠시 취업했지만, 늘 가지고 있던 사회 조직 운동가로서의 비전을 실현하기 위해 1985년에 시카고로 갔다. 특히 시카고에서 흑인 교회가 주축이 되어 벌이는 빈민조직 사업(NPO)에 참여하면서 주거 환경 개선 문제나 범죄 문제 등 지역 사회에서 일어나는 빈곤한 사람들의 문제를 해결하는 사회 조직 운동가로 활동했다.

그러던 중 사회적인 문제들을 좀 더 잘 해결하기 위해서는 제도적인 개혁과 전문성과 영향력이 필요하다는 것을 절감하면서 관련 공부를 심도 있게 하려고 1988년에 하버드 대학교 로스쿨에 입학했다. 오바마가 재능을 인정받아 세간의 주목을 받게 된 것은 하버드 대학교의 법률학술지인 〈하버드 로 리뷰〉의 편집장으로 뽑히면서부터이다. 특별히 그가 주목을 받은 것은 하버드 대학교가 생긴 이래 처음으로 뽑힌 흑인 편집장이었기 때문이다.

하버드 대학교의 로스쿨을 수석으로 졸업한 오바마는 자신과의 약속에 따라 예전과 같이 지역 사회 운동가로 활동하기 위해 시카고로 돌아갔다. 그리고 그곳에서 차별 문제를 해결하고, 시민의 권리를 대변하는 일에 관여하는 인권변호사로 일하면서 로스쿨에서 헌법을 강의하기도 했다. 그는 시들리&오스틴 법률사무소에서 인턴으로 일할 때 그곳에서 이미 변호사로 일하고 있던 미셸을 만나 결혼했다. 둘 사이에는 두 딸인 말리아 앤과 나타샤가 있다.

그로부터 십수 년이 지난 후 오바마는 미국 최초의 흑인 대통령이 되기 위해서 제44대 미국 대통령 출마를 선언하고, 전 세계에 검은 돌풍을 일으키며 백악관을 향해 돌진하고 있다.

차례

CONTENTS

C O N T E N T S

정확한 전략으로
성공의 핵심을 향해 파고들어라 

오바마에게서 엿보는 성공 마케팅 전략 

미셸에게서 엿보는 백악관 안주인 되기 전략 

제1부

Barack Hussein
Obama

성공을 위한
오바마의 꿈

꿈을 꾸는 자만이
진정으로 살아있다

준비된 자에게 기회는 찾아오는 법!
정치계에 발만 들여놓았을 뿐
그 거대한 정치계 중심에서는 멀리 떨어져 있던
오바마에게 드디어 기회가 찾아왔다.
그것은 바로 2004년 민주당 전당 대회의 기조 연설자로
미국 국민 앞에 서게 된 것이다.
오바마는 기회를 놓치지 않고
자신의 다음 꿈을 이루는 발판으로 삼았다.
오바마는 그렇게 마치 혜성 같이
나타나 미국의 정치 스타로 자리잡기 시작했다.

꿈은 이루어진다

당신은 오랫동안 꿈꾸어오던 소망이 이루어지는 순간을 체험한 적이 있는가? 손에 잡히지 않는 먼 후일의 것이라고 생각했던 꿈이, 정말로 이루어질까 의심 반, 기대 반 했던 바로 그 꿈이 눈앞에 문을 활짝 열고 모습을 나타낸 순간을 체험한 적이 있는가? '이제는 꿈이 아니구나!' 하는 감동과 함께 실제로 그 꿈이 내가 되고 내가 그 꿈이 되는 순간의 환희와 행복을 경험한 적이 있는가?

그 체험은 또다시 설레는 마음으로 꿈을 꾸게 할 것이다. 또한 그 다음 꿈도 이루어질 것이라는 확신을 갖고 현실이 되는 순간을 행복한 마음으로 갈망하게 할 것이다. 그 설렘과 갈망은 꿈이 눈에 보이지 않고 손에 잡히지 않아도 담대하게 꿈을 향한 자신만의 길을 갈 수 있도록 할 것이다.

아무리 미국이 여성에 대해 개방된 사고방식을 가졌고, 또 현재 많은 여성들의 정치계 진출이 속출하고 있다 해도 얼마 전까지만 해도 미국 사람 대부분은 여성 대통령 탄생이 가까운 미래에나 가능한 일이라 생각하고 있었다. 더욱이 흑인이 미국 대통령이 되는 것에 대해서는 여성이 대통령이 되는 것보다 현실성이 없다고 생각했다. 같은 조건이라면 남성과 백인을 대통령으로 뽑겠다는 것이 일반 여론이었다.

미국 국민들은 '언젠가는 흑인이 미국 대통령이 될지도 몰라!'

라고 생각은 하고 있었지만 지금이 그때라고는 아무도 상상하지 못했다. 그러나 그 상상은 이제 먼 훗날에나 실현이 가능한 것이 아니다. 바로 흑인 출신인 오바마가 미국 대통령이 되겠다고 도전했고 수많은 사람들이 그에게 열광하며 아낌없는 지지를 보내고 있기 때문이다.

오바마의 대통령 출마와 인기는 미국 사회의 변화를 말해준다. 많은 사람들은 이러한 변화가 갑작스러운 것이라고 말하면서 오바마의 출현을 돌풍이 부는 것에 비유한다. 오바마가 흑인이기 때문에 검은 돌풍이라고 한다. 그러나 무엇이나 갑작스럽게 일어나는 변화는 없다. 이미 보이지 않는 저변에서 변화가 이루어지고 있었기 때문에 지금 사람들이 보고 듣고 느낄 수 있도록 모습을 확실히 드러내는 것이다.

오바마는 아직 미국 대통령이 아니다. 그는 그 꿈을 향해 가고 있는 중이다. 그가 꿈을 향해 당당하게 걷고 있는 것은 겨울이 지나면 봄이 오듯 꿈이 현실이 된다는 것을 체험을 통해 믿고 있기 때문이다.

오바마는 시카고에서 지역 사회 운동가로 활동하던 중 하버드 대학교의 로스쿨에 들어갈 준비를 할 때 아버지의 나라 아프리카 케냐를 방문했다. 그는 킹 목사와 같이 사회적으로 억눌린 자와 연약한 자, 그리고 빈곤 속에 허덕이는 자들을 대변해서 일하는 이 시대 지도자의 꿈을 가슴속 깊이 품고 있었다. 그러나 그 꿈을 이루기 위한 그림이 분명하게 그려진 것은 아니었다. 아직은 안개 속 같은 길을 분명하게 가기 위해서 그는 케냐를 방문할 결심을 하였다.

처음으로 케냐를 방문하려고 했을 때 그것은 결코 쉬운 결정이 아니었다. 한 번도 가본 적이 없는 낯선 나라에서 무엇이 그를 기다리고 있는지 상상할 수도 없었다. 그 방문이 앞으로의 삶을 더 나아지게 하리라는 막연한 기대도 했지만, 그보다는 자신에게 미칠 부작용에 대한 두려움이 더 컸다. 그러나 오바마가 케냐를 찾을 수밖에 없던 이유는 자신의 피, 즉 자신의 뿌리를 알고 싶었기 때문이다.

누구나 자신이 진정 누구인지를 알아야 원대한 꿈을 실현하는 첫발을 내디딜 수 있다. 그것은 마치 우주선이 엄청난 힘으로 대기권을 뚫고 나가야 우주로 갈 수 있는 것과 같다. 생소한 나라 케냐로 가기까지 오바마에게도 자신을 깨치고 나오는 엄청난 내면의 힘이 필요했다.

자신을 뚫고 나가는 그런 마음으로 오바마는 가슴속에 뚜렷하지 않는 많은 그림들을 담고서 케냐로 향했다. 오바마는 두 차례 케냐 방문으로 꿈이 현실이 되는 것을 경험하면서 '꿈은 이루어진다'는 강력한 소신이 생겼다.

첫 번째 케냐 여행은 텅 빈 공항에 자신을 반기는 이 없는 한 평범한 사람의 방문이었다. 그곳에서 그는 처음 아버지의 친지

들을 만나 아버지에 대한 이야기를 듣고, 아버지의 무덤 앞에 섰다. 그리고 아버지가 이루지 못한 꿈을 알게 되었다. 그 과정에서 오바마는 자신의 뿌리가 어디서 시작이 되었는지를 알게 되었으며, 정치나 인종 문제로 분열된 미국에 통합과 변화에 대한 희망을 불어넣고 가난하고 약한 사람들을 위해 일하리라는 꿈을 품고 미국으로 돌아왔다. 그는 말로 표현하지는 않았지만 그때 이미 대통령이 되겠다는 꿈을 마음속 깊이 심었는지 모른다. 어린 시절 친구들에게 자신은 커서 미국 대통령이 되겠다고 말했던 것처럼 말이다.

그 꿈을 품은 지 19년이란 세월이 흐른 후 오바마는 두 번째로 케냐를 방문했다. 그때는 첫 번째 방문과 완전히 다른 상황이었다. 미국의 상원의원이라는 정치적 지도자의 직위를 갖고 그곳 대사관 요원들의 대대적인 환대를 받으며 도착했다. 그는 자신이 꾸고 있던 꿈이 실현되었음을 확인했고, 거기서 또 다시 꿈을 꾸었다.

그리고 그 방문 2년 후에 미국 제44대 대통령이 되는 꿈에 도전하고 있다. 케냐를 두 번째로 방문할 때만 해도 오바마 자신도, 미국도, 세계도 그가 대통령에 도전할 것이라는 것을, 엄청난 지지를 받을 것이라는 것을 감히 상상하지 못했다. 그러나 그는 자신의 꿈에 대한 확신을 가지고 행동에 옮겨 지금 현실로 이루어가고 있다.

지금 뭇 군중들은 오바마를 향해 환호성을 보내고 있다. 오바마가 꾸는 꿈이 바로 그들의 꿈이 되고 있기 때문이다. 오바마는 "우리는 변화할 수 있음을 믿습니다(Change we can believe in)!", "그래요, 우리는 할 수 있습니다(Yes, we can)!"라며 군중들과 함께 외치고 있다. 군중의 환호성은 오바마의 꿈이 이루어지고 있는 소리임에 분명하다.

꿈꾸고 있는 것이 눈에 보이지 않는다고 낙심하지 말자. 눈에 보이지 않기 때문에 그것을 꿈이라고 한다. 어미 닭이 품고 있는 알 속에는 병아리가 끊임없이 성장하고 있지만, 병아리가 알을 깨고 나오기 전까지는 그 안에서 일어나는 어떠한 변화도 눈에 보이지 않는다. 그러나 어미 닭은 병아리가 바깥세상으로 나올 것을 믿고 기다리면서 열심히 알을 품는다.

지금 눈에 보이지 않을지라도 굳건하게 붙잡고 노력하면 꿈은 이루어진다. 용기를 갖고 힘차게 발걸음을 내디디자. 꿈을 따라 날마다 나아간다면 그 꿈은 분명히 이루어져서 모습을 드러낼 것이다.

꿈은 행동하는 자에게 그 문을 하나씩 열어준다

꿈이란 뜬구름 같이 어디선가 갑자기 다가오는 것이 아니다. 한 사람이 어떤 꿈을 갖게 되는 것에는 그 꿈을 꿀 만한 근본적인 뿌리가 있다.

흑인과 백인 사이에서 태어난 독특한 출신과 가정 환경은 오바마가 가진 꿈의 근본 뿌리이다. 특히 어린 시절 주변에서 듣고 자랐던 에이브러햄 링컨 전 대통령과 마틴 루터 킹 목사와 케네디 전 대통령과 같은 지도자들의 삶은 오바마의 꿈을 자라게 했고, 그 꿈을 이루는 과정에 엄청난 동력을 불어넣었다. 꿈으로 향하는 길에는 마치 계단을 하나씩 밟고 올라가는 것과 같은 피할 수 없는 과정이 있다. 그 과정을 거치면서 오바마의 꿈도 구체적인 모습을 드러내었다.

어떤 곳의 어떤 환경에서 성장을 하건 사람은 누구나 자신의 정체성을 확립하는 과정에서 이런저런 갈등을 겪기 마련이다. 오바마는 누구보다 자신의 정체성에 대해 갈등할 수밖에 없는 환경에서 자라났다. 흑인인 아버지가 없는 가운데 백인인 가족들 사이에서 살았고, 또 거의 유일한 흑인으로서 백인들이 다니는 학교에 다녔다. 그는 그 어디에도 자신의 정체성을 굳건히 할 수 없는 환경 속에서 성인이 되었다.

오바마가 사회 조직 운동가가 되는 꿈을 가졌던 것은 뚜렷한 정체성을 정립하지 못해 방황한 경험이 있었고, 자신의 뿌리를 견고히 할 어떤 기반이 필요했기 때문이다. 미래에 대한 꿈의 씨앗은 이렇게 어떤 제3의 곳이 아니라 바로 자신이 처한 환경 속에서 생길 수밖에 없다.

오바마는 사회 조직 운동가가 되는 꿈을 이루는 첫 단계로 대학을 졸업한 20대 초반에 시카고로 가서 그곳 흑인 빈민 지역의 공동체를 조직하는 운동가로 활동을 시작하였다. 처음에는 마음만 있을 뿐 그 꿈을 어떻게 이루어나가야 하는지 오바마도 알지 못했다. 그러나 그는 꿈을 이루는 것에 대해 망설이지 않았다. 주변에 공동체를 조직하여 자신의 정치적 입장을 사람들에게 담대히 말하면서 가난한 사람들을 일으켜 세우는 것이 얼마나 중요한 일인지를 알렸다. 그리고 어떻게 그 일을 시작해야 하는지 자문을 구했다. 그러나 그 일이 중요한 것은 알지만 함께 하기를 꺼리는 사람, 자신의 의도를 의심하는 사람, 부정적인 말로 사기를 꺾어 놓는 사람으로 인해 좌절하기도 했다.

그러나 꿈을 잃지 않고 두드리는 자에게 문은 열리는 법! 오바마에게 그 문은 하나씩 열려 나갔다. 그는 시카고에서 조직 사업을 시작하려고 수습직원을 찾는 사람을 만나게 되었다. 그리고 그와 함께 시카고에서 조직 운동가로 활동하면서 점점 더 그 활동에 대해 알아가고, 또 그 방법론에 대한 필요성을 알아가던 즈음, 자신의 꿈을 이루기 위해서는 전문성과 영향력이 필요하다는 것을 깨달았다. 그리고 그 활동을 위해 한 단계 도약하는 과정으로 하버드 대학교 로스쿨에 진학하였다.

로스쿨에서 공부를 마친 오바마는 시카고로 돌아오리라 결심하였다. 그가 그 결심을 말했을 때 믿는 사람은 아무도 없었다.

미국 최고의 명문 중 하나인 하버드 로스쿨을 졸업하면 미래가 보장되는데, 그것을 마다 할 사람은 없기 때문이다. 하버드 로스쿨 졸업생이라면 뉴욕에서 가장 유명한 대형 법률회사에 영입될 수도 있고, 워싱턴 법조계에서 커리어를 쌓을 수도 있으며, 신분 상승은 물론, 미국 주류 사회에 동승할 기회가 주어지는데, 구태여 그가 시카고로 되돌아갈 필요가 없을 것이라고 사람들은 생각했다.

그러나 오바마는 시카고로 돌아가 좀 더 전문적인 위치에서 미국의 흑인 빈민가를 위해 일하겠다고 자신과 약속했었다. 그는 자신만의 꿈이 있고 확신을 갖고 걸어가고 있었기 때문에 주변 사람들의 말에 우왕좌왕하지 않았다.

오바마는 3년 만에 하버드 로스쿨을 수석으로 졸업한 수재 중에 수재이다. 사실 그도 사회적으로 보장된 곳에서 보장된 직위를 가지고 보통 사람들이 가는 길을 편안하게 갈 수도 있었지만, 그는 자신에게 한 약속을 지키기 위해 시카고로 돌아갔다. 그리고 각종 차별 문제에 대해 전문성을 띠고 활동을 할 수 있는 인권변호사가 되었으며, 시카고 대학교의 로스쿨에서 헌법을 강의했다. 오바마는 꿈을 위해 필요하다고 생각했던 이론적 전문성과 체험을 접목하면서 활동을 계속했다. 이것은 그가 정치계로 전향하는 첫 단계가 되었다.

시카고에서 한 일들은 자신의 꿈을 이루는 것이었기에 오바마는 정말 마음에서 우러나오는 열정을 다해 일했고, 그 결과 많은 사람들의 감동을 자아냈다. 그의 아내 미셸이 영향을 받아서 성공적인 변호사의 길을 접고 사회 사업에 뛰어든 것만 보아도 알 수가 있다.

정치가로서 기반을 차분히 닦아나간 오바마는 드디어 1996년 일리노이 주 상원의원에 도전하여 선출되었다. 그 후 한 번의 실패가 있었지만 그것을 딛고 또 다시 선출되었다. 급기야 2004년에는 연방 상원의원이 됨으로써 본격적으로 정치인의 대로에 서게 되었다.

준비된 자에게 기회는 찾아오는 법! 정치계에 발만 들여놓았을 뿐 그 거대한 정치계 중심에서는 멀리 떨어져 있던 오바마에게 드디어 기회가 찾아왔다. 그것은 바로 2004년 민주당 전당 대회의 기조 연설자로 미국 국민 앞에 서게 된 것이다. 오바마는 기회를 놓치지 않고 자신의 다음 꿈을 이루는 발판으로 삼았다.

미국 국민들은 그의 말에 숨을 죽이고 귀를 기울였고, 그 연설은 미국 정치계를 흔드는 돌풍을 일으켰다. 아무도 기대하지 않았던 외곽에 머물러 있던 어느 흑인 정치인이 하는 말이 뭇 사람들의 마음을 강력하게 사로잡았다.

오바마는 그렇게 마치 혜성 같이 나타나 미국의 정치 스타로 자리잡기 시작했다. 그로부터 겨우 몇 년 후 대선에 도전했다. 맑은 하늘 저편에 뜬 한 조각 구름을 보고 큰 비가 올 것을 예측

하는 것처럼, 당시 그도 자신의 꿈이 서서히 모습을 드러내고 있다는 것을 예상했을 것이다.

오바마의 출신 배경과 성장 환경은 그와 비슷한 조건을 가진 대부분의 사람들과 마찬가지로 그의 미래를 가로막는 장애물이 되었을 수도 있다. 그러나 그는 검은 잿더미 속에서 한 송이 장미가 활짝 피어나듯이 장애물을 딛고 백악관을 향해 달려가고 있다. 그 자체가 바로 사람들에게는 희망의 메시지가 되고 있다. 장애물이 방해만 되는 것이 아니라 선택에 따라서는 자신을 일으켜 세워주는 원동력이 될 수 있다는 것을 단호하게 보여주었기 때문이다. 꿈이란 바로 그런 것이다.

꿈이란 마음속에 보이지 않는 씨를 뿌리는 것이다. 그 씨를 심어 놓고 물을 주며 관리하면 시간이 되어 싹이 튼다. 언제 그 씨에서 싹이 트는지 우리는 알 수 없다. 그러나 싹이 트리라는 믿음을 갖고 기다리면 그 바람이 허황되지 않은 이상 이루어진다.

꿈이 있는가? 그 꿈이 주는 영감대로 일어나 길을 떠나라. 자신의 자리에서 최선을 다하고 거기에 알파를 더하라. 그러면 문이 하나씩 열리듯이 꿈을 이룰 수 있는 기회가 하나씩 열릴 것이다. 기회를 외면하지 말고 힘차게 잡으라. 그리고 계속 길을 가라. 결국 꿈은 현실 속에 모습을 드러낼 것이다.

오바마처럼 꿈의 돌풍을 일으켜라

미국의 첫 흑인 대통령이 되려고 하는 오바마의 꿈은 그의 모든 삶과 정치적 과정을 거쳐온 지금 거의 눈앞에 아주 가까이 다가왔다. 단지 대통령이 되어서 백악관에 입성하는 것 자체가 그의 꿈은 아니다. 대통령이 되는 것은 대통령이라는 직위를 통해 이룰 수 있는 또 다른 비전을 향한 길일 뿐이다.

오바마가 미국 대통령이 되어서 하고자 하는 것은 새로운 희망의 정치를 펼치는 것이다. 오바마는 그러한 비전을 가지고 지지 당원들이 하나로 뭉쳐 한 방향을 향해 돌진하게 하고 있다. 이미 오바마의 비전은 그 자신만이 아니라 함께 배에 오른 모든 지지 당원의 꿈이 되었다. 뿐만 아니라 오바마를 지지하는 모든 사람들의 바람이 되었다. 희망을 주는 새로운 정치를 향한 비전이 전 미국 사람들의 내부에서 꿈틀거리고 있었기에 그토록 많은 미국 인들이 오바마에게 환호성을 보내는 것이리라.

오바마가 내세우는 새로운 희망의 정치란 분열을 통합으로 이끄는 것이다. 통합은 오바마가 대통령 경선을 위해 가장 강력하게 내세우는 메시지이다. 그는 미국 사회에 팽배해 있는 모든 종류의 분열을 없애고 통합하는 것이 바로 미국의 미래가 달려있는 사안임을 매우 잘 알고 있기에 모든 사람과 정치와 이념을 갈라놓는 인종 차별과 신분 그리고 종교의 벽을 없애고 통합하는 일에 자신의 몸을 던지고자 한다. 그는 바로 통합이 미국의 새로운 미래를 열고, 미국에 몸담고 있는 각자의 미래를 만든다는 강력한 메시지를 던지고 있다.

대권에 도전하면서 오바마는 왜 수많은 주제 중에서 통합을 주요 메시지로 던졌을까? 미국의 분열상을 자신의 삶과 정치적 경험에서 절실하게 통감하고 있기 때문이다. 자신이 바로 그 분열의 현장 가운데서 태어났고, 또 살았기 때문이다. 그는 성장하면서 흑인으로서 사회적 편견과 차별을 체험했다. 그 차별로 정체성에 관한 갈등을 느끼며 혼란스런 10대를 보냈다. 또한 절반은 백인의 피를 가졌지만 흑인인 그는 백인 사회에서 이방인일 수밖에 없는 20대를 맞았다.

그러나 오바마는 그런 환경에서 살았기 때문에 지금과 같은 꿈을 꾸고 있다. 분열된 사회가 하나로 통합되어가는 꿈 말이다. 그리고 그 꿈을 이루기 위해 역사 속 지도자들처럼 자신을 던져 헌신하려 하고 있다. 그래서 그는 그 지도자들이 간 길을 회상하고, 그들이 미국에 던진 비전의 메시지를 거듭 되뇌어 본다. 그리고 그 길은 자신만이 아닌 전 미국이 가야 할 것임을 알기에 담대하게 가고 있다.

오바마의 정신적 지도자들은 모두 힘든 길을 갔다. 링컨 대통령이 그랬고, 킹 목사가 그랬으며, 케네디 대통령이 그랬다. 그러나 그들에게는 미국에 대한 사랑이 있었고, 미국에 대한 꿈이 있었다. 그랬기에 그들은 십자가를 지고 담대히 그 힘든 길을 꿋

꿋이 갈 수 있었다. 그렇지 않았다면 그들의 이름이 지금까지 사람들의 뇌리에 기억되지 않았을 것이고, 미국 대통령을 꿈꾸는 오바마가 그들을 정신적 지도자로 삼지도 않았을 것이다.

오바마는 자신이 가는 길이 힘든 십자가의 길이라는 것을 잘 알고 있다. 그도 인간이기에 자신의 길을 가기 위한 힘이 필요할 때가 많다. 그리고 그 꿈이 크기에 더욱 더 자신의 연약함을 뛰어 넘는 담대함이 절실했다. 정신력이 약해지거나 주변 환경이 뒷받침해주지 않고, 더욱 담대함이 필요한 날이면 그가 달려가는 곳이 있다. 그곳은 바로 링컨 대통령의 케디즈버그 연설문이 적혀 있으며, 킹 목사가 수많은 사람들 앞에서 연설을 하던 링컨 기념관이다.

오바마는 그 자리에 서서 링컨 대통령처럼 연설을 하고, 킹 목사처럼 "나에게는 꿈이 있습니다. 마치 형제자매처럼 흑인 아이이들이 백인 아이들과 손에 손을 잡는 그런 날이 오리라는 꿈이 있습니다."를 외치면서 미국 대통령이 되어 미국에 대한 자신의 비전을 이야기할 때가 오기를 상상해보곤 했다. 자신도 미국을 이끈 인물들처럼 미국을 위한 사랑을 이루어나가는 상상 말이다. 그리고 미국 국민들의 통합을 위해 목숨까지 바친 숭고한 지도자들 같이 자신을 바치리라 다짐하곤 했다.

흑과 백의 평등을 바라는 킹 목사의 소망은 40년이 흐른 후 오바마의 소망이 되었다. 그래서 그는 "진보 미국, 보수 미국이라는 것은 존재하지 않습니다. 단지 미합중국이 있을 뿐입니다."라고 하면서 킹 목사의 소망인 흑백의 평등뿐 아니라 더 나아가 흑백의 통합을 외치고 있다.

오바마는 단지 자신의 행복과 이익을 위한 꿈을 꾸지 않았다. 그는 소외된 자들을 위한 꿈을 꾸고, 분열된 마음을 통합시키기 위한 꿈을 꾸고, 미대륙의 보다 나은 미래를 위한 꿈을 꾸었다. 그 꿈은 미국의 보이지 않는 내면에도 움트고 있었기에 오바마라는 한 인간을 통해서 선포되고 있다. 그 꿈을 이루기 위해 미국은 몸부림을 치고 있는 것이다.

한 사람의 위대한 꿈은 큰 바람을 불러일으킨다. 그 바람이 강하게 불면 불수록 주변에 큰 영향을 미친다. 만약 그 바람이 강력하게 불어 돌풍이 되면 주변은 바람에 이끌려가지 않을 수 없다. 뛰어난 지도자의 꿈은 그런 돌풍을 일으키기 마련이다.

만약 꿈이 있다면, 그것이 그냥 자신만의 행복을 추구하는 것이 아니라 이 세상의 발전을 위한 원대한 꿈이라면, 그리고 그것에 대한 확신이 있다면 그 꿈을 선포하며 힘차게 꿈을 향해 나아가라. 그 꿈에 대해 더 큰 확신이 있으면 있을수록, 용감하게 나아가면 갈수록 돌풍을 일으키게 될 것이다.

두 사람의 힘이 한 사람의 힘보다 낫고, 다섯 사람의 힘이 두 사람의 힘보다 나으며, 대중의 힘이 소수의 힘보다 낫다는 것은 두 말할 필요가 없다. 그래서 기러기는 혼자 가면 결코 도달할 수 없는 머나먼 길을 떼를 지어 떠난다. 오바마와 같이 준비된 꿈을 갖고 길을 간다면, 그 꿈이 아무리 큰 것일지라도 분명 이루어질 것이다. 미국이란 거대한 나라에 돌풍을 일으킨 오바마를 자세히 살펴보는 것만으로도 우리는 꿈을 이룰 수 있는 준비를 할 수 있을 것이다.

자신을 향해 손짓하는 꿈을 따라 가라

많은 사람들은 대통령에 출마한 오바마를 어느 날 혜성같이 떠오른 존재로 생각한다. 그래서 민주당의 강력한 경쟁자인 힐러리는 경선 막바지에 들어서면서까지 오바마보다 대의원 수를 많이 확보하지 못하고 있으면서도 자신이 경선에서 당선될 것이라는 희망을 버리지 못하고 있다. 그 이유는 갑자기 떠오른 별은 갑자기 질 수 있다고 믿기 때문인지도 모른다.

사실 별이 어느 날 문득 떠오르는 것은 아니다. 별은 때가 되어야 떠오른다. 오바마는 자신의 때를 기다리며 지역 사회 운동가가 되기 위한 공부를 했으며, 대통령이 되기 위한 준비를 하고 있었다. 그 결과 이미 지역 사회 운동가가 되었고, 대통령이 되는 문 앞에까지 이르렀다. 물론 준비를 했기에 기회는 그의 곁을 그냥 스쳐 지나가지 않았다.

기회를 잡은 오바마가 검은 돌풍을 일으킬 수 있었던 것은 드러나지는 않았지만, 미국민 대다수에게 미국의 변화에 대한 욕구가 싹터서 퍼져 있었기 때문이다. 미국은 지난 8년간에 이르는 조지 부시 대통령 재임 기간 동안 흑인과 백인의 인종 분열이 심해졌고, 보수와 진보 사이에 정치적 대결이 극심해졌다. 게다가 이라크 침공이라는 커다란 역사적 사건이 있었고, 그 결과는 실패였으며, 그에 따라 여러 가지 문제가 심각해졌다. 불거지고 있는 미국의 경제 위기가 세계 경제를 뒤흔들어 놓았고, 따라서 현 정치에 대한 강한 회의론이 만연하고 있는 실정이다. 그 가운데서 미국을 다시 통합시키고, 새로운 희망을 불러일으킬 수 있는 정치적 지도자를 찾는 것은 당연한 현상이다.

오바마가 등장하지만 않았어도 힐러리 클린턴이 강력한 대통령 후보가 되었을 것이다. 미국 최초의 여성 대통령 후보라는 새로운 도전으로 새로운 변화의 바람을 미국에 불어넣을 수 있기 때문이다. 그러나 오바마가 등장하자 힐러리의 판세가 바뀌어버렸다. 오바마와 비교하면, 힐러리는 8년간 퍼스트레이디를 지냈고, 현재 상원의원으로서 상대적으로 기성 정치인의 이미지를 갖게 되기 때문이다.

역사상 몇 명의 흑인이 미국 대통령에 출마하기는 했지만, 이토록 엄청난 지지를 받고 있는 사람은 오바마가 처음이다. 이러한 반응은 미국 국민의 다수가 오바마가 미국 최초의 흑인 대통령이 될 수도 있다고 생각한다는 의미이다.

오바마는 사실 정치계에서는 연령이 어린 새로운 세대로서 기성 세대에 도전하고 있다. 공화당 대통령 후보인 매케인은 오바마보다 나이가 25살이나 많고, 힐러리는 오바마보다 13살이나 많다. 그렇기 때문에 그들은 자신들에 비해서 아직 정치적인 연륜이 쌓이지 않은 오바마에게 처음에는 그리 큰 도전의식을 느끼지 않았다. 그러나 시간이 지나면서 상황은 완전히 달라졌다. 오바마가 바로 백악관 문앞에 바싹 다가올 정도로 국민들의 엄청난 지지를 받고 있기 때문이다.

그러나 오바마는 정치적 경륜도 중요하지만, 대통령에게 더욱 중요한 것은 국가 비전을 제시하고, 그 비전에 대한 영감을 불어넣고, 변화를 이끌어내는 것이라고 주장하고 있다. 이러한 주장은 기성 정치에 대한 부정적 인식을 갖고 있던 사람들에게 신선한 이미지를 심어주고 있다. 어떤 변화의 새 바람을 일으키는 것이기 때문이다.

물론 나이와 경험은 모두 중요하다. 이 두 가지 중 어느 하나라도 충족되지 않으면 사실 대통령으로서 약점이 될 수 있다. 그런데도 오바마가 대통령에 합당한 사람으로 강력하게 떠오르는 이유는 그만큼 미국이 구 시대적인 정치를 거부하며 새로운 정치를 기대하고 있기 때문이다.

오바마는 미국 국민들의 목마름이 무엇이며, 그 목마름이 어디에서 비롯되었는지를 알고 있다. 이제는 정말 묵은 시대를 청산

하고 새로운 변화의 시대를 맞이해야 하는 때가 되었다. 오바마는 자신이 그 목마름을 해결하는 새로운 인물임을 확신하며 미국이 꾸고 있는 꿈을 안고 돌진하고 있다.

시대는 오바마와 미국 국민이 같은 꿈을 꿀 수 있도록 했고, 오바마가 그 꿈을 꾸도록 기다려왔다고 확신한다. 그것은 미국에 부는 오바마의 돌풍이 증명해준다.

원대한 꿈이 오바마를 기다려왔다면 당신을 기다리는 꿈은 무엇일까? 이 세상에 태어나 살아가면서 당신이 꼭 꾸어야 할 꿈이 당신을 향해 손짓하며, 이루어주기를 간절히 소망하는 것은 아닐까? 혹시 그 꿈을 그냥 스쳐 지나가게 하거나, 실현 불가능할 것이라는 생각에 그냥 동경만 하고 있지는 않는가?

나라는 벽을 깨고 나와 눈을 활짝 뜨고 당신 앞에 손짓하는 꿈을 보라. 그리고 그것을 따라가라. 평생 살아가는 동안 꿈은 계속해서 당신 앞에서 손짓할 것이다. 하나의 꿈을 이룰 때 그 너머에 또 다른 꿈이 기다리고 있을 것이기 때문이다.

꿈을 위한 시간

★ 우리는 살아있기 때문에 꿈을 꾸고, 꿈을 꾸기 때문에 진정으로 살아있다.

★ 세상이 아직 살아있는 것은 바로 우리가 꿈을 꾸고 있기 때문이다.

★ 진정으로 꿈을 꾸고 있다면 그 꿈이 눈에 보이지 않을지라도 이루어지고 있다는 믿음을 가지라.

★ 꿈이 안개 속으로 모습을 감춘 것처럼 느껴져도 꿈에 대한 믿음을 잃지 말고 길을 떠나라. 꿈이 손을 잡아줄 것이다.

희망의 메시지로 세상을 변화시키는 돌풍을 일으켜라

미국 44대 대통령 선거를 위한
민주당 경선에
강력한 검은 돌풍을 일으키며
등장한 오바마 역시
미국에 대한 자신의 비전을 제시하고 있다.
그것은 바로 변화와 희망과 통합이라는
세 가지 비전이다.
오바마는 지금 이 시대의 미국에 필요한 비전을 제시했고,
자신의 선거 전략에 "Believe in change."라는 표어를 내걸었다.
그 전략은 변화를 절실하게 바라는 국민들의 마음을
정확하게 뚫고 들어갔다.
오바마가 외치는 변화에 대한 열망은
그들의 생을 놀랄 만큼 변화시켰기에
더욱 강력한 한 설득력으로 와 닿았다.

선포하라 그러면 이루어진다

한 사람의 삶을 이끄는 것은 비전이고, 비전은 말을 통해서 구체적으로 만들어진다. 그리고 말은 또한 삶을 비전으로 향하는 길로 인도한다. 결국 비전을 가진 사람은 말이라는 매체로 구체화된 비전과 만나게 되고, 비전을 이루게 된다. 비전은 말을 하지 않고 내면의 그림으로 이루어질 수도 있다. 그러나 비전을 말로 표현하면 내면의 그림이 더 구체화되고, 더 강력해져서 이루고자 하는 힘이 더 강렬해진다.

한 집단의 비전은 개인 한 사람의 마음에 담고 있어서는 안 된다. 한 사람, 즉 리더의 마음에만 자리잡고 있으면 집단 구성원들이 공유할 수 없기 때문이다. 그것은 리더 혼자만의 비전일 따름이므로 그 집단이 이룰 수 없다. 리더의 비전은 언어를 통해 선포되어 듣는 사람의 마음속에 자리잡아야 한다. 그래야 집단 전체의 공동 비전이 될 수 있다.

리더는 자신이 속한 곳이 어느 곳이든, 그곳이 가정이건, 직업적 모임이건 간에 집단에 대한 비전을 구성원에게 언어로 전달해야 한다. 그리하여 구성원들이 비전에 대한 공감대를 형성하고 함께 추구할 필요를 느낄 때 전체의 비전이 되어 집단을 하나로 묶어 움직이게 한다.

이것은 국가의 경우도 마찬가지이다. 그래서 대통령에 입후보한 사람은 자신의 비전을 국민들에게 선포하고, 국민들은 그 비전에 공감하여 따라야 할 필요성을 느낄 때 그를 선출한다. 후보가 제시한 비전을 자신의 비전으로 삼고자 하기 때문이다.

후보가 자신의 비전을 제시하기보다 상대 후보의 약점을 드러내는 데 초점을 맞추면 국민은 그 후보에게서 자신이 함께 추구할 비전을 찾지 못할 것이다. 뚜렷한 비전 제시가 없는 후보는 지도자로 세워서 따를 이유가 없기 때문에 선출하고 싶어하지 않는다.

대통령에 당선이 된 후보는 계속해서 국민들에게 국가를 리드하는 비전을 제시해야 한다. 그 비전이 후보일 때 제시한 것과 일관성이 있을 때 국민들은 그 비전에 대해 안심하게 되고, 대통령을 신뢰하게 된다. 그리고 계속해서 그 비전에 동승할 생각을 하게 된다.

뚜렷하게 제시된 비전을 보고 대통령을 신뢰하면 비전 성취 과정에 나타나는 많은 변수들이 있어도 열린 마음을 유지할 수 있다. 여러 가지 변수가 중간에 나타난다 해도 비전이 흔들리지 않을 것이라는 신념이 있기 때문이다. 비전에 대한 신념은 결국 그 비전을 이루는 큰 힘이 된다.

어느 나라 역사도 마찬가지겠지만 미국의 역사 속에는 비전을 제시한 리더들이 존재한다. 특히 미국이 큰 변화를 일으킨 전환점에는 강력한 리더십을 발휘한 리더가 있었고, 그때마다 강력한 비전 제시가 있었다. 그 비전은 그 시대에 맞는 것이었기에 국민 대다수가 받아들이며 함께 했다. 그리하여 지금의 미국이 있는 것이다.

미국에는 강력한 비전 제시로 나라를 이끌던 루스벨트가 있었고, 링컨이 있었고, 케네디가 있었으며, 이들과 같은 대통령은 아니지만 미국 역사상 강력한 비전을 제시한 마틴 루터 킹 목사가 있었다. 그들은 그때마다 비전을 언어로 던져 국민과 공유했다.

예를 들면, 흑인 인권운동가인 킹 목사는 "나에게는 꿈이 있습니다(I have a Dream)!"라고 했고, 존 F. 케네디는 대통령 취임 연설에서 새로운 시대의 개막과 변화에 대한 비전을 제시했다. 그들은 암살을 당했지만 그들이 던진 비전은 아직도 미국민의 가슴속에 살아서 이루어져가고 있다.

미국 44대 대통령 선거를 위한 민주당 경선에 강력한 검은 돌풍을 일으키며 등장한 오바마 역시 미국에 대한 자신의 비전을 제시하고 있다. 그것은 바로 변화와 희망과 통합이라는 세 가지 비전이다.

오바마는 지금 이 시대의 미국에 필요한 비전을 제시했고, 자신의 선거 전략에 "Believe in change."라는 표어를 내걸었다. 그 전략은 변화를 절실하게 바라는 국민들의 마음을 정확하게 뚫고 들어갔다. 오바마가 외치는 변화에 대한 열망은 그들의 생을 놀랄 만큼 변화시켰기에 더욱 강력한 한 설득력으로 와 닿았다.

민주당의 또 다른 강력한 경선 후보인 힐러리 클린턴 역시 미국민들의 변화에 대한 욕구를 잘 알고 있다. 그래서 그도 변화에 대한 비전을 오바마와는 달리 "Ready for change."로 정했다. 이것은 변화에 대해 믿을 뿐 아니라 변화를 시작해야 한다는 뜻으로 자신이 오바마보다 더 강력한 비전을 가졌음을 나타내는 것이기도 하다.

흑인 아버지와 백인 어머니 사이에서 태어난 오바마의 피 속에는 이미 인종적 분열이 일어났다. 그러나 그는 흑인과 백인 양측에 약점이 될 수 있는 자신의 출신과 성장 환경을 도리어 긍정적인 도약의 계기로 삼았다. 그렇기 때문에 정치, 인종 등 많은 부분에서 분열된 미국 사회를 '통합'으로 이끌려는 그의 또 다른 핵심 비전은 더욱 강력한 설득력을 띠고 있다.

진정으로 미국은 변화와 통합을 갈망하고 있다. 그 갈망의 저변에는 오랫동안 유지된 현 부시 정권에 대한 실망감이 깔려있고, 9·11 테러, 이라크 전쟁, 경제 위기 등 변화를 갈구하게 한 여러 가지 원인이 있다.

정확한 언어로 제시하였기에 오바마의 비전은 사람들의 공감을 사서 미국 전역에 검은 돌풍을 불러일으키고 있다. 일각에서는 오바마가 부르짖는 변화에는 구체적인 방법이 없다고 지적하면서 그것이 약점이 되어 대통령 선거를 승리로 이끌 수 있을지 의문스럽다고 말하기도 한다. 그러나 구체적인 방법이 아직은 없다고 해도 한 나라의 대다수 국민이 변화를 원하고 그 비전을 따른다면, 그 방법이 구성원을 통해서 발굴될 것이므로 비전도 이루어질 것이다.

Change we can believe in

아이오와 주에서 벌인 최초의 민주당 경선 결과에 많은 사람들이 특별한 관심을 갖고 있었다. 그 이유는 2008년 대선에 민주당이 집권할 것이라는 여론이 팽배했고, 민주당 경선에서 힐러리 클린턴이 대통령 후보로 뽑힐 것이라는 예비투표 결과가 나왔기 때문이다.

그러나 뜻밖에도 아이오와 주 경선에서 오바마가 예비투표 결과를 뒤엎고 최고 득표로 쾌거를 올렸다. 모두가 부정적으로 생각하는 가운데 오바마가 승리한 것이다. 그렇기에 아이오와 주에서의 경선 승리 연설은 오바마에게 더욱 의미가 있다. 그는 할 수 없다고 말하는 사람들에게 할 수 있다는 것을 당당히 보여주었다. 즉 변화에 저항하고 변화를 믿지 않는 자들에게 가능하지 않는 것은 아무것도 없다는 것을 승리로써 보여주었다.

오바마는 변화할 수 있음을 특히 강력하게 외친다. 그는 변화가 우리에게 직접적으로 상관이 없는 먼 세상의 것이 아니라 바로 우리 삶 속에서, 또 우리 주변에서 이루어져야 함을 외친다.

사람들의 마음속 깊숙한 곳에 숨겨져 있던 변화에 대한 갈망을 직접 느낄 수 있도록 끄집어내어 주는 것이다.

사람들은 변화를 두려워한다. 변화는 안전함과 편안함을 주던 곳에서 떠나야 함을 의미하기 때문이다. 오바마는 그런 사람들의 변화에 대한 두려움까지 잘 알고 있다. 그래서 두려움을 극복하면 변화할 수 있다는 용기를 주면서 변화에 따르는 모든 어려움을 딛고서 함께 희망의 길로 가자고 외친다.

아울러 오바마는 구체적인 정치적 비전을 하나씩 제시하면서 그것을 국민들의 삶 속에 어떻게 이루어나갈지 알려준다. 그 방법으로는 미국 국민이라면 누구나 의료 보장 혜택을 누리게 하고, 세금 혜택을 받게 하며, 석유 문제를 해결하고, 이라크 전쟁을 종결하는 것 등이다.

눈 앞에 있는 비전이 막연하면 방향을 잡기가 힘든다. 그러나 비전이 구체적일수록 자신이 가야 할 방향이 있으므로 우왕좌왕하지 않는다. 사람들은 자기 앞에 놓여진 수많은 가능성 중에서 어느 길을 택해야 할지 모를 때 불안과 두려움을 느끼게 된다. 오바마는 미국인들이 직면한 문제 해결 방안을 구체적으로 제시함으로써 이러한 불안감을 해소시켜주고 있다.

아이오와 주에서 오바마의 승리는 미국민의 변화에 대한 믿음임을 확인시켜준다. 오바마는 자신과 미국 국민이 같은 비전을 가졌음을 말하면서 그들이 자발적으로 비전을 향해 나갈 수 있도록 이끌어주고 있다.

성공하는 사람들이 가진 세 가지 특성이 있다면 할 수 있다는 긍정적 정신 자세와 목표 지향적인 태도와 자발적인 동기 부여이다. 강제적으로 권력을 행사하는 것은 진정한 리더가 할 일이 아니다. 자발적으로 비전을 향해 나가도록 하는 것이 진정한 리더가 해야 할 일이며, 가져야 할 자질이다.

오바마는 자신이 말한 비전을 이룰 때 국민 각자의 삶에 어떤 변화가 올지를 그림으로 분명히 그려줌으로써 국민들이 함께 한다면 그들을 위한 비전도 이룰 수 있음을 가슴속 깊숙이 심어준다. 리더가 제시하는 비전이 나 자신과 아무런 상관이 없을 때 사람들은 자발적으로 움직일 동기를 찾지 못한다. 그러나 그 비전을 이루었을 때 나 자신의 삶에 어떤 변화가 올지를 확신하면 강한 동기 부여가 이루어지는 법이다.

오바마가 분홍빛 미래만을 내세우고, 일어날 수 있는 문제에 대해서 감추어버린다면 리더로서는 생명이 머지 않아 끝나게 될 것이다. 그러나 오바마는 자신이 말하는 비전을 따라갈 때 오로지 순탄하지만은 않을 것이라고 말한다. 거기에는 의심이 있고, 냉소가 있고, 또 두려움이 있을 것이라는 것을 솔직하게 알린다. 그러나 모든 두려움 가운데 희망이 있음을, 또 그 희망이 비전으로 인도함을 선포한다.

오바마는 실제적인 삶에서의 변화에 대한 갈망을 불러일으켜

줌으로써 연설을 끝맺으며 사람들의 마음속에 "Change we can believe in!"이라는 한 문장을 강력하게 심어주곤 한다.

Yes, we can

아이오와 주 민주당 경선에 승리한 오바마는 2008년 1월 19일 또 다시 사우스캐롤라이나 주에서 힐러리보다 두 배나 더 많이 표를 얻음으로써 압도적인 승리를 이끌어냈다. 그곳은 인구의 약 30%가 흑인이고, 민주당 유권자 중 절반이 흑인이므로 오바마의 승리는 흑인들의 표가 주된 원인이었다.

사실 2008년 1월에 있었던 뉴햄프셔와 네바다 주의 경선에서 힐러리가 오바마보다 더 많은 표를 얻어 승리했기 때문에 오바마의 돌풍이 한 순간의 것으로 끝나버리는 것은 아닌가 하는 얘기도 돌았다. 그러나 사우스캐롤라이나 주에서 오바마가 압도적으로 승리를 거두자 힘이 빠졌을 수도 있던 오바마가 다시 한 번 힘을 얻는 계기가 되었다.

오바마는 사우스캐롤라이나 주에서 압도적인 승리를 이룬 후 계속해서 변화에 대한 희망 찬 비전을 제시하면서 돌풍을 다시 불러일으켰다. 물론 변화를 추구하는 자신의 비전에 힘을 잃게 하는 것도 있지만, 그것은 단지 쓸데없는 염려에 지나지 않음을 보여주면서, 결국 미국은 인종, 출신, 계급, 나이, 정치적 노선을 초월해서 변화와 통합을 이루어낼 수 있음을 강력하게 연설했다.

오바마는 그 연설에서 미국이 함께 대항해야 하는 정치적 관행들을 짚어주면서 결코 쉽지 않은 일이지만 그것을 함께 변화시켜나갈 수 있다고 말했다. 또한 진정한 리더십이란 공평함과 판단력에 기인해야 하며, 그것이 미국인들로 하여금 공통되면서도 더 높은 목표로 결집시키는 능력임을 주지시켰다.

더 나아가서 오바마는 정치적 당파주의를 끝낼 기회가 바로 이번 대선이라고 강조하면서 당파주의를 이제 끝내고 정치적으로 새롭게 변화해야 한다고 주장했다. 또한 정치인들은 선거를 이기기 위한 선거가 아닌, 진정 미국 국민들에게 신뢰를 줄 수 있는 기회로 삼아야 한다고 말했다.

뿐만 아니다. 오바마는 외치기를, 애국주의와 종교를 내세워서 국민이 진정 되고자 하는 것을 못하도록 가로막는 풍토를 조성하는 세력에 저항하고, 미국으로 하여금 정해진 영역 안에서만 생각하고, 행동하고 투표해야 한다는 분위기를 조장하는 정치에 저항하며, 선입견을 버려야 한다고 했다.

이 외에도 오바마는 피부색을 뛰어 넘어서 모든 국민이 함께 바라볼 수 있는 이상적인 국가를 이루기 위해 힘을 합쳐야 한다고 역설했다. 그는 계속해서 자신이 제시하는 비전은 일부 사람들이 말하는 것처럼 실현 불가능한 것이 아니라, 절대적으로 이룰 수 있는 것이라는 희망을 불러일으키며, 거듭해서 할 수 있다는 단어를 사람들의 가슴속에 불어넣었다.

"그렇습니다. 우리는 할 수 있습니다."
"그렇습니다. 우리는 이 나라를 치유할 수 있습니다."
"그렇습니다. 우리는 우리의 미래를 거머쥘 수 있습니다."

마지막으로 오바마는 "우리는 여러 명이었지만 결국 하나가 되었으며, 호흡하고 있는 동안 희망을 갖게 될 것입니다."라는 말로 희망을 그려주고, 냉소주의와 의심, 할 수 없다고 하는 사람들을 만날 때 "Yes, we can!"으로 답하라고 외치면서 연설을 매듭지었다.

변화와 통합을 바라는 지지자들은 "Yes, we can!"으로 오바마의 연설에 반응하면서 대선에 열기를 더하고 있다. "Yes, we can!"이라는 구호는 마틴 루터 킹 박사가 "I have a dream!"을 외치며 미국 흑인들의 마음에 새겨준 비전과 희망을 지금 미국 국민들의 가슴에 상기시켜준다.

사람들이 마음속에 품고 있는 희망을 말로써 다시 한 번 구체적으로 나타내는 오바마의 비전 선언은 어떤 모습으로든 이루어질 것이다. 오바마가 대통령이 되느냐, 되지 않느냐는 비전 성취에 중대한 영향을 주겠지만, 그것으로 끝은 아닐 것이다. 이미 그 비전이 말을 통해 수많은 미국민의 가슴속에 새겨져 있기 때문에 반드시 이루어질 것이다.

2007년 초 대통령 선거 열기가 점차 고조되어갈 즈음 필자는 모 대통령 후보의 이미지 전략에 대한 제안을 하게 되었다. 그 후보로 하여금 한국의 현 시대 상황에서 대통령에 가장 부합하는 이미지를 형성하기 위해 최우선으로 가져야 할 네 가지 목표를 제시했다. 최고의 리더를 꿈꾸는 사람이라면 누구나 목표로 해야 할 내용이기에 소개해본다.

첫째, 비전 제시로 국민들에게 나아갈 방향을 보게 해주고, 강력한 추진력으로 자신이 그 비전을 실행시킬 수 있는 지도자임을 인식시켜준다.

둘째, 말과 행동이 삶과 일치된다는 신뢰감을 심어준다.

셋째, 선거 유권자들과 그 자손들에게 앞으로 유익을 줄 수 있다는 확신을 준다.

넷째, 국민 개개인으로 하여금 후보와 자신을 동일시할 수 있도록 한다.

꿈을 위한 시간

★ 말은 생명력이 있어서 한 번 선포되면 영원히 사라지지 않고
자라서 열매를 맺는다.

★ 꿈에 대한 확신이 없으면 그 꿈을 절대로 말할 수 없다. 그러할
때에도 꿈을 단호하게 선포하라. 그러면 꿈에 대해 더 큰 확신
이 생길 것이다. 그 말을 우선 자신의 귀가 듣기 때문이다. 들
으면 믿게 된다.

★ 리더라면 꿈을 선포하여 모든 사람의 마음에 뿌려라. 머지않은
후일에 그 열매를 따게 될 것이다.

출신과 환경의 벽을 깨뜨리고 최고가 돼라

오바마는 삶의 시작부터가
보통 사람들과는 달랐다.
그는 자칫 부정적인 방향으로
살 수도 있는 특수한 환경에서 생을 시작했다.
그러나 그 어떤 삶의 현장에서도
자신이 겪은 경험을 통해 최상의 것을 이끌어내려고 했다.
그 결과 흑인들의 삶을 이해하게 되었고,
사회적 약자에 대해 연민을 느끼게 되었으며,
그들을 돕는 일을 생각에만 그치지 않고 실천하게 되었다.
대통령이 되고자 하는 그의 내면에는 사랑을 실천하려는 의지가 담겨 있다.

성공 뒤에 숨은 어머니의 힘

　한 사람의 성공은 결코 그 한 사람의 노력으로 만들어질 수 없기 때문에 엄밀히 말해서 성공을 이룬 사람이 홀로 모든 영광을 받을 수는 없다. 태어나면서부터 우리는 원하든 원하지 않든 주변 많은 사람들의 영향을 받으며 자랐다.

　오바마에게 가장 영향을 많이 준 인물은 바로 오바마의 어머니이다. 그녀는 홀로 오바마를 양육해야 했기에 더욱 강력한 영향을 줄 수밖에 없었다. 오바마는 〈Dreams from my father : 내 아버지로부터의 꿈〉이라는 자서전에서 어머니에 대해 많은 언급을 했으면 하고 아쉬워했다. 사실 자신이 지금의 모습이 된 것은 어머니로부터 많은 영향을 받았고, 한 인간인 어머니에 대한 존경심이 깊었기 때문에 어머니에 대해 더 많이 쓰고 싶었다. 그러나 오바마는 아버지에 대한 언급을 자서전에 더 많이 했다. 오바마가 자서전을 쓰며 자신의 삶을 회고하면서 정리를 할 즈음 아버지는 돌아가셨지만, 어머니는 살아계셨기 때문이다.

　그래서인지 오바마의 어머니에 대해서는 많이 알려진 것이 없다. 그러나 오바마와 그의 어머니를 아는 사람들은 오바마가 모든 면에서 어머니를 닮았다고 한다. 오바마가 외치는 미국의 변화에 대한 열망도 바로 어머니로부터 물려받은 것이며, 약자를 배려할 줄 아는 마음과 다양성을 포용할 줄 아는 열린 사고도 어머니에게서 물려받은 것이다.

오바마의 어머니는 세상의 변화에 대해서, 또 도움이 필요한 사람에 대해서 열린 마음을 가졌기에 미국의 많은 주에서 여전히 흑백의 결혼을 금지하고 있던 1960년대에 백인으로서 흑인인 오바마의 아버지를 받아들일 수 있었다. 그런 어머니가 있기에 아들인 오바마가 진보와 보수, 흑인과 백인을 통합하려는 희망을 갖고 미국의 지도자로 떠오르고 있을 것이다. 그의 어머니는 과연 어떤 분이셨을까?

오바마의 어머니는 어린 시절 여러 지역으로 옮겨 다니면서 살았다. 그녀의 아버지 즉 오바마의 외할아버지가 가구 판매상이었기 때문이다. 1960년 가족이 하와이에 정착하면서 어머니는 하와이 대학교에 들어갔다. 그 다음해인 1961년에는, 케냐에서 같은 대학교로 유학 온 아버지를 만났다. 그리고 막 성인이 된 어린 나이에 결혼하여 오바마를 낳았다.

그러나 1963년에 아버지는 하버드 대학교에서 박사 과정을 밟기 위해 하와이를 떠났고, 얼마 후에 어머니와 이혼하였다. 그 후 어머니는 같은 하와이 대학교에서 유학하던 인도네시아 학생을 만나 재혼하였고, 1966년에 오바마를 데리고 그를 따라 인도네시아로 갔다. 그리고 오바마의 이복 동생인 마야를 낳았다.

그곳에서 어머니는 특히 오바마의 교육에 깊은 열정을 가졌다. 왜냐하면 인도네시아인으로서는 자신의 꿈을 가질 수도, 활짝 펼칠 수도 없는 그곳의 구조적인 분위기와 한계를 느꼈기 때문이다. 그래서 어머니는 오바마에게 심하다 싶을 정도로 미래를 준비하는 교육을 직접 해주었다.

오바마는 인도네시아인이 될 수도 있고, 미국인이 될 수도 있었다. 어머니는 오바마가 미국인이 되는 것이 최선이라는 것을 알고 그 편을 택했다. 그리고 그에게 더 좋은 교육과 기회를 제공하기 위해서 오바마를 데리고 하와이로 돌아왔다. 그곳에 계신 오바마의 외할아버지는 오바마를 하와이 최고의 명문사립학교인 푸나호우에 입학시켰다.

결국 인도네시아 남편과의 결혼 생활도 끝낸 어머니는 하와이에 돌아와서 하와이 대학교의 대학원에서 인류학을 공부했다. 어머니는 3년 후에 인류학 연구를 위해 다시 인도네시아로 건너갔지만, 오바마는 고등학교를 다니던 관계로 계속 하와이에 머물렀다.

박사학위를 받은 오바마의 어머니는 인도네시아에서 미국 국제개발처(USAID)의 자문으로 일하기도 하고, 파키스탄, 인도네시아, 뉴욕 등지에서 빈민은행 사업을 추진하기도 하며, 포드재단의 여성 일자리 활성화 사업을 맡아 일하기도 했다. 그녀는 그렇게 영향력 있는 자리에서 활동했지만, 힘 없고 돈 없는 약한 자들에게 특별한 애정을 가지고 기회를 얻는 대로 그들을 위해 적극적으로 일했다. 그리고 오바마에게도 그들에 대해 공감하고 그들을 위해 일할 수 있는 동기를 기회가 있을 때마다 불어넣었다.

인도네시아와 미국 등지를 오가면서 활발하게 활동하던 오바마의 어머니는 난소암에 걸린 것을 알고 하와이로 돌아왔고, 1995년 53세로 생을 마감하였다. 난소암에 걸린 어머니는 엄청난 치료비를 해결하기 위해 고생을 많이 했고, 그에 따른 정신적 고통도 심했다. 그 모습을 곁에서 지켜본 오바마는 모든 사람이 공평하게 건강 보험 혜택을 받지 못한다는 것이 국민들에게 얼마나 큰 고통이 될 수 있는지를 절감했다. 그런 경험은 오바마가 전 국민 건강 보험 혜택을 대선 공약으로 내세우고 있는 이유이기도 하다.

오바마의 어머니는 이제 이 세상에 없다. 그러므로 오바마가 대선에 도전하며 미국에 대해 비전을 제시하는 모습을 보지 못한다. 그러나 그녀가 삶에서 오바마에게 남겨준 정신적 유산은 오바마를 통해 아직도 살아서 움직이고 있다.

시대가 요구하는 꿈을 이루어가면서 사람들에게 힘과 용기를 불어넣는 사람 뒤에는 보이지 않게 그 꿈을 심어주고 이루도록 지원을 아끼지 않은 어머니의 힘이 숨겨져 있는 경우가 많다. 오바마 역시 마찬가지이다.

오바마가 특별히 존경하고 본받고 싶어하는 인물은 미국의 위대한 정치적 지도자인 에이브러햄 링컨이다. 그래서인지 오바마는 때로는 링컨을 어느 부분에서 자신과 동일시하며 링컨의 이미지를 자신의 대선 이미지로 활용하고 있다.

사실은 링컨에게도 그에게 힘을 준 어머니가 있었다. 그녀는 링컨이 아홉 살 때 병으로 돌아가셨지만, 링컨을 위해서 항상 기도했고, 죽는 순간에는 링컨에게 "세상을 위해 사는 훌륭한 사람이 되어라."는 유언을 남겼다. 링컨은 어머니의 기도를 마음에 항상 새겼고, 어머니의 유언을 항상 생각하며 자랐다. 그리고 훗날 자신이 이룬 모든 것은 바로 어머니의 힘이 있었기 때문이라고 자신 있게 고백하곤 했다.

어머니가 돌아가고 세월이 흘러 링컨에게는 새어머니가 생겼다. 새어머니는 글을 읽을 줄 모르는 사람이었지만, 총명하고 지식에 관한 열망이 컸던 링컨을 항상 격려했다. 그리고 책 읽기를 좋아하는 링컨에게 그 당시 엄청나게 비쌌던 책을 사주기도 하는 등 사랑을 듬뿍 주었다. 링컨은 켄터키 주 작은 농장의 초라한 통나무 집에서 자라났지만, 독학으로 변호사가 되고, 주 의원으로 네 번이나 활동을 했으며, 급기야 대통령까지 되었다. 노예 문제가 한창 불거진 때에 대통령이 된 그는 노예 해방령을 선포하고, 남북전쟁을 승리로 이끈 위대한 정치적 지도자가 되었다.

대부분 위대한 인물의 어머니가 자녀에게 자주 한 말은 자기 자신의 행복만을 추구하라는 것이 아니다. 세상을 위해서 어떠한 사람이 되어야 하는지, 무엇을 해야 할 것인지에 관해 방향을 제시하는 말이었다. 어릴 때부터 그런 말을 듣고 자란 자녀는 자신만을 위하지 않고 세상과 인류를 위하는 원대한 꿈을 꾸기 마련이다. 그리고 실제로 그런 원대한 꿈은 이 세상에 실현될 필요가 있기 때문에 이루어지고 있을 것이다.

어머니가 자녀에게 사랑으로 하는 말은 자녀로 하여금 자신의 꿈을 펼치게 하는 핵심 동력이 된다. 그 사랑의 말은 눈에 보이지 않지만, 자녀의 가슴속에 하나의 씨앗처럼 심어져서 열매를 맺는다. 그러므로 어머니라면 자녀에게 자신이 얼마나 소중한 존재임을 알아야 하고, 자녀라면 어머니가 자신의 삶에 얼마나 소중한 존재임을 알아야 한다. 어머니의 사랑으로 우리가 존재하고, 우리를 통해 다음 세대가 존재한다. 세상은 그렇게 계속된다.

어머니의 가르침, 승리의 힘

오바마는 삶의 시작부터가 보통 사람들과는 달랐다. 그는 자칫 부정적인 방향으로 살 수도 있는 특수한 환경에서 생을 시작했다. 그러나 그 어떤 삶의 현장에서도 자신이 겪은 경험을 통해 최상의 것을 이끌어내려고 했다. 그 결과 흑인들의 삶을 이해하게 되었고, 사회적 약자에 대해 연민을 느끼게 되었으며, 그들을 돕는 일을 생각에만 그치지 않고 실천하게 되었다. 대통령이 되고자 하는 그의 내면에는 사랑을 실천하려는 의지가 담겨 있다.

오바마에게는 아버지에 관해 딱히 떠오르는 기억이 없을 만큼 아버지와 함께 한 시간이 없다. 어린 시절부터 흑인 아버지는 그의 주변에 없었으므로 오바마는 백인인 어머니와 주로 생활했다. 자연히 오바마는 어머니에게서 사람이 어떤 마음으로 살아야 하는지에 대해 영향을 받았다. 어머니는 특히 오바마가 모든 인종에 대해 평등하고 정당한 생각을 할 수 있도록 가르쳐주었고, 약자에 대해 어떤 의식을 가져야 하는지 깨우쳐주었다.

오바마의 어머니는 흑인 남편과 시간을 보내면서 흑인이 백인 사회에서 살아가는 데 겪어야 하는 문제와 내면의 갈등을 잘 알았다. 그렇기 때문에 자신의 아들이 흑백의 혼혈로 살아가면서 겪을 문제에 관심을 갖고, 그 모든 상황 가운데서 훌륭한 인물로 장성하기를 간절히 바랬다.

오바마의 어머니는 흑인의 피가 흐르는 오바마의 삶에 흑인 아버지의 존재가 중요하다는 것을 알았다. 어찌할 수 없는 환경의 벽으로 오바마가 흑인 아버지와 함께 살지는 못했지만, 아버지가 흑인이라는 일반 사회의 긍정적이기보다 부정적인 시선에 영향을 받아 오바마가 부정적인 자아상을 갖지 않도록 노력했다.

어머니는 특히 아버지에 대해 모르는 오바마가 아버지에 관해 긍정적인 이미지를 갖도록 좋은 얘기를 많이 해주었다. 그리고 오바마가 흑인으로서 정상적인 교육을 받고, 올바른 가치관을 가지고 살아갈 수 있도록 하는 데 노력을 아끼지 않았다.

그녀는 오바마의 아버지와 이혼한 후 재혼한 남편을 따라 인도네시아에서 생활할 때 모든 인간에게는 평등한 권리와 기회가 주어져야 한다는 미국인의 생각이 인도네시아에서는 허락되지 않는다는 것을 체험한 후에는 더욱 미국인으로서 가져야 할 가치관에 대해 절실하게 생각하지 않을 수 없었다. 그래서 미국 하와이에 있을 때보다 더욱 오바마의 교육에 깊은 관심을 가졌다.

어머니는 오바마로 하여금 미국인이라는 데 대한 자긍심을 갖게 해주었다. 자신과 타인에게 정직하고, 무슨 일에나 정정당당하며, 스스로 판단하고 결정하며, 자신이 결정한 것에 대해 책임을 지는 것에 대해서 가르쳤다.

오바마의 어머니는 그저 말로만 가르치지 않았다. 그녀는 몸소 오바마에게 가르치려 한 덕목들을 실천하면서 살았다. 백인 여성으로서 당당하게 흑인 남성을 선택하여 결혼하고, 미국과 인도네시아를 오가며 공부하면서 스스로 삶을 개척했고, 또 개척할 수 있다는 확신과 자신감이 있었기 때문에 오바마에게도 그런 의식을 심어줄 수 있었다.

아프리카인으로서 뿌리를 심어주기 위해 어머니는 아버지에 대한 얘기를 자주 들려주곤 했다. 특히 오바마의 아버지가 아프리카 시골의 빈곤한 성장 환경 가운데서도 꿈을 가지고 이루기 위해 노력한 모든 이야기를 해주었다. 어머니가 심어준 아버지에 대한 이미지를 떠올리며 오바마는 자신이 어떻게 살아야 할지를 생각했다.

또한 어머니는 오바마와 같은 피를 나눈 흑인들을 어떻게 대해야 하는지를 가르치기 위해 성공한 흑인들에 대한 이야기를 자주 들려주곤 했다. 인종 차별을 심하게 겪으면서도 열심히 공부하여 자신의 뜻을 편 마틴 루터 킹 목사와 같이 위대한 흑인의 이야기를 많이 들려주었다. 그들에 관한 책을 많이 읽도록 함으로써 흑인으로서의 자긍심 또한 갖게 했다.

오바마의 어머니는 왜 하필 그가 흑백의 중간에서 태어났는지, 여러 문화 속에서 성장하게 되었는지, 그런 환경에서 그가 해야 할 사명은 무엇인지를 알려주고자 했다. 그러한 어머니 덕분에 오바마는 자신의 사명과 책임이 무엇인지 깨닫고 대통령의 길을 택하여 가려 하고 있다.

사람이 죽는다고 해서 이 세상을 진정으로 떠나는 것은 아니다. 몸은 이 땅을 떠날지 몰라도 정신은 영원히 이 세상에 남아있기 때문이다. 거의 모든 것에 스며있는 정신이란 것은 대개 가장 사랑하고 영향을 많이 주었던 자녀들의 가슴속에 살아있게 된다.

어머니가 자녀를 올바로 가르친다는 것은 그 이상의 의미가 있다. 자녀를 인간으로 바르게 성장시키는 것은 이 세상을 올바로 세우고 성장시키는 것이기 때문이다. 어머니의 사랑과 가르침은 제2, 제3의 오바마가 있게 하는 승리의 힘이다.

삶의 장벽을 뚫고 꿈을 향해 도약하라

아버지가 어떠한 인물로 마음속에 존재하느냐는 삶의 방향을 설정하는 데 지대한 작용을 한다. 자신의 뿌리에 대한 확신을 가질 수 없는 환경에서 자란 오바마에게 식구들은 그 부분을 메워주기 위해 노력했다.

아버지에 대한 기억이 없다보니 오바마는 어린 시절 아버지에 관해 들은 이야기나 아버지와 같은 흑인, 특히 훌륭한 흑인의 이야기를 접목해서 아버지라는 존재에 붙여넣기도 하고, 더 또렷이 강조하고 교정하기도 하면서 아버지에 대한 그림을 계속 그려나갔다. 그리고 나름대로 그 그림을 완성했다.

대학을 졸업하고 사회 활동을 하면서 정치적 활동 기반을 닦아가던 오바마는 약자와 빈곤한 자와 억눌린 자들을 위해 헌신하는 지도자로서의 꿈이 더욱 더 또렷한 모습으로 다가오고 있음을 알게 되었고, 그 꿈을 향해서 더욱 더 큰 걸음을 옮기면서 자신의 정체성을 확립할 필요성을 느끼게 되었다. 자신의 뿌리가 분명해야 더욱 강한 의지와 자신감을 가지고 자신의 길을 갈 수 있기 때문이다.

오바마는 그 숙제를 안고 아버지의 나라이자 자신의 피가 흐르고 있는 아프리카 케냐를 방문하였다. 그리고 그곳에서 아버지의 친지들을 만나면서 아버지에 대한 또 다른 그림을 그려나갔다.

오바마 속에 그려진 아버지의 이미지는 세월이 지나면서 점점 더 또렷해져서 오바마가 어떠한 사명을 갖고 살아야 하는가에 대해 엄청난 영향을 주었다. 그것은 분명 오바마가 흑인의 피를 가지고 미국 대선에 도전하게 될 정도로 강력한 힘이 되었으리라 확신한다.

필자는 오바마가 흑인의 피를 물려받지 않았다면 미국 대통령 후보감으로 그렇게 큰 대중의 환호를 받았을까 하는 의문을 던져본다. 오바마가 이 시대에 필요로 하는 대통령의 비전을 갖고, 그 비전에 가깝게 접근할 수 있었던 것은 바로 그가 흑인의 아들이었기 때문일 것이다.

오바마의 아버지는 조국을 부흥시키겠다는 원대한 꿈을 실현하기 위해 자신을 둘러싼 환경을 헤치고 먼 미국 땅으로 공부를 하러 갈 만큼 많은 노력을 했던 사람이다. 그리고 그 꿈을 이루기까지 최선을 다했던 사람이다.

1960년대에 일반 아프리카 흑인이 미국으로 유학을 가는 것은 흔한 일이 아니었다. 오바마의 아버지 역시 어려운 가정 형편으로 아프리카에서 한 소시민으로 꽁꽁 묶여 있을 수밖에 없었다. 그는 자신보다 재능이 없는 친구들이 유학을 가고 보다 나은 미래를 위해 구체적인 무엇인가를 준비하는 것을 볼 때면 가슴이 찢어지는 듯 했다. 그들이 공부를 마치고 케냐로 돌아오면 자신과는 비교할 수 없는 위치에서 사회적 활동을 할 것이 분명했기 때문이다.

오바마의 아버지는 그러한 친구들을 바라보는 초라한 자신의 모습을 그려보고, 자신의 꿈을 접을 수밖에 없었던 처지를 한탄하는 모습도 상상해보았다. 그것은 마치 넘을 수 없는 벽 앞에서 통곡하는 답답함과 절박함으로 다가왔다.

그러던 중 오바마의 아버지는 미국에서 케냐로 건너와 종교분야에서 일하는 두 명의 여자를 만나게 되었다. 그들은 오바마의 아버지와와 친해지면서 그의 내부에 품어둔 꿈과 재능을 알게 되었다. 그리고 그에게 자신을 깨뜨리고 도약하여 꿈을 향해 갈 수 있는 길을 제시했다. 오바마의 아버지는 그 기회를 놓치지 않았다. 그것이 마지막 기회임을 알고 놓치지 않기 위해 그야말로 최선에 최선을 다했다. 그리고 드디어 미국으로 유학을 떠날 수 있었다.

미국에서 흑인 유학생으로 생활한다는 것은 특히 그 당시에는 순간순간이 하나의 장벽을 뚫는 것과도 같았다. 그러나 오바마의 아버지는 기회를 끝까지 붙잡고 노력한 결과 하와이 대학교를 졸업하고 같은 학교의 대학원에서 우수한 성적으로 학위를 받았다. 자신을 묶어 두었던 환경이라는 장벽을 뚫고, 꿈을 꾸고, 기회를 붙잡고, 결국 이루어낸 것이다.

그러나 아버지의 꿈은 거기까지였다. 모든 것을 이룬 오바마의 아버지는 아프리카로 돌아가서 조국을 다시 일으켜 세우고, 그곳 사람들을 위해 일하려고 했다. 그러나 아프리카의 환경은 돌아간 그를 또 다시 꽁꽁 묶어버렸다. 날개 꺾인 새처럼 더 이상 날 수 없었던 것이 아버지의 운명이었고 한계였다. 아버지 개인의 문제가 아니라 바로 아프리카라는 사회가 옴짝달싹 못 하도록 묶어 두었기 때문이다. 그는 더 이상 그 속에서 빠져 나오지 못한 채 생을 마감했다.

아버지의 삶 속에서 오바마는 자신이 지나온 삶을 펼쳐보았다. 그의 삶은 흑인과 백인으로서의 생활, 그 둘 사이에서의 갈등, 그로 겪었던 청소년기의 방황, 넘기 힘들었던 인종이라는 벽에 대한 분노 등이 가득했다.

오바마는 아버지와 자신의 삶을 비교하면서 자신의 삶이 아버지가 태어나서 살다가 돌아가신 아프리카와 뗄 수 없는 관계가 있다는 사실을 깨닫게 되었다. 출신이라는 두꺼운 벽 앞에서 느꼈던 참담함과 갈등이 아버지가 느꼈던 감정과 다르지 않다는 사실도 알게 되었다.

아버지의 삶은 끝이 났지만 오바마의 삶 속에 계속 연장되고 있었다. 오바마가 아버지 앞에 가로막고 있던 시대와 사회의 장벽을 변화와 희망을 외치면서 뚫어나가고 있기 때문이다.

훌륭한 업적은 여러 세대를 거쳐 이루어진 경우가 종종 있다.

미국의 실업가 록펠러는 살아있는 동안 열두 개의 종합 대학교를 세웠고, 오천 개에 이르는 교회를 세웠으며, 자신의 이름을 딴 재단을 설립해서 문화와 의료, 교육 분야에 엄청난 기여를 했다. 지금도 생전에 그가 세운 재단은 사회에 지대한 기여를 하고 있으며, 자선 사업을 벌이고 있다.

록펠러에게는 자선 사업의 사명감을 불러 일으킨 어머니가 있었다. 그 정신은 그 후대까지 전해져 내려오기 때문에 록펠러 가문과 재단은 아직도 여전히 이름을 떨치고 있다.

혹 이루지 못하여 아쉬운 꿈이 있는가? 그렇다면 계속 꿈을 꾸며 그것을 자녀에게 잘 전달하라. 너무 커서 자신의 세대에 이루기 불가능한 꿈은 다음 세대를 통해 완성하면 된다.

주어진 환경에서 최상의 것을 끄집어내라

마틴 루터 킹 목사가 흑인 인권 운동에 적극적으로 참여하던 시절 오바마는 어린아이였는데, 당시는 누군가가 강력하게 흑인의 인권을 부르짖지 않으면 안 될 정도로 흑인 불평등 문제가 심각하게 남아있었다. 그러나 한편으로는 흑인들도 자신의 인권을 찾으려고 적극적으로 애쓸 만큼 문제 해결을 위한 물꼬가 트이고 있었다. 미국의 일부 남부 지역에서는 백인과 흑인의 결혼이 금지되어 있을 정도였으니, 한 마디로 미국 사회가 흑백 문제로 팽팽한 줄다리기를 하던 그런 시기였다. 그러한 때에 백인인 어머니와 흑인인 아버지가 결혼하고, 그 결혼을 백인인 어머니의 부모님이 받아들였다는 것만 보아도 흑인에 대한 인식이 많이 변화되어가고 있었음을 알 수 있다.

그러한 변화의 시기에 흑인 아버지와 백인 어머니 사이에서 태어났기 때문에 오바마 역시 갈등과 변화를 체험하며, 자신이 누구인지를 늘 생각하지 않을 수 없었다. 그는 어머니가 백인이었기에 흑인의 편에서 보면 백인에 가깝고, 아버지가 흑인이기 때문에 백인의 편에서 보면 흑인에 가까웠다.

오바마는 자신을 바라보는 사람들의 시각이 두 가지로 갈라져 있었기 때문에 늘 그 사이에서 갈등하며 균형을 잡지 않으면 안 되었다. 백인과 함께 있을 때나 흑인과 함께 있을 때나 늘 상대방이 자신에게 기대하는 바를 생각하고, 그들이 자신을 어떻게 보는지 생각하지 않을 수 없었다. 그렇게 그는 흑과 백을 오가면서 마치 때에 따라 다른 안경을 쓰고 세상을 바라보는 사람처럼 자신의 피부색을 의식하면서 살아야 했다.

오바마는 특히 어린 시절과 청소년기에 자신의 정체성에 대한 혼란과 심각한 갈등을 겪었다. 그럴 때면 차라리 아무도 없는 곳으로 몸을 숨겨버리고 싶을 정도로 두려움을 느꼈다.

오바마는 자신이 마치 두 개의 세상 사이에 연결되어 있는 줄을 타는 곡예를 하는 듯 했지만 마침내 흑과 백 사이에서 자신의 정체성을 확립하고 살아가는 법을 익히게 되었다. 서로 다른 그 두 세상에 속해서 살아가는 것이 어떠한 것을 말하는지를 깨달게 된 것이다.

특히 어린 시절과 청소년기에 심각하게 찾아온 정체성에 대한 갈등은 자신의 뿌리에 대해 알고 싶은 갈망을 싹트게 했고, 흑인 아버지의 삶에 대한 관심을 갖게 했다. 그는 자신의 뿌리를 찾음으로써 정체성이 확립될 것을 어렴풋이 알고 있었다.

환경이 사람을 만든다는 것은 절반은 진실이고, 절반은 진실이 아니다. 진실이 아닌 절반이 존재하는 까닭은 인간에게는 자유롭게 선택할 수 있는 의지가 있기 때문이다. 어떤 환경 속에서건 무엇을 선택하느냐에 따라 결과는 천차만별이 된다.

오바마는 흑인 아버지와 백인 어머니 사이에서 갈등하며 정체성을 상실하고 혼돈된 삶을 살 수도 있었다. 그러나 그런 다른 인종의 부모님 사이에서 갈등하며 정체성 확립 문제에 휘말려 보았기 때문에 두 인종 사이에서 공존하는 방법도 익히게 되었다.

오바마의 아버지와 첫째 부인인 흑인 여성 사이에서 태어난 이복 여동생 아우마 역시 재정뿐 아니라 출신 환경 면에서 불리한 가운데 자신에게 최상의 것을 이루어낸 여성이라 할 수 있다. 1980년대, 그녀는 비교적 외국인에게 보수적인 시선을 갖고 있던 독일에서 언어학 분야 지도 교수도 인정할 만한 훌륭한 박사 논문을 쓰고 학위를 받았다.

독일에서 저명한 언어학자인 알로이스 비어라허(Alois

Wierlacher) 교수는 아우마에 대해서 자신이 가르친 제자들 중에서 가장 뛰어나기도 하지만, 가장 예민한 학생이었다고 기억한다. 다른 외국 학생과 마찬가지로 그녀 또한 언어 문제로 의사소통에 어려움이 있었고, 따라서 독일 사람들과의 교제도 쉽지 않았다고 한다. 언어 속에 숨겨진 문화적 차이가 그러한 것들을 더 힘들게 했는지도 모른다.

아우마의 지도교수였던 알로이스 비어라허는 아우마의 오빠인 오바마가 쓴 자서전을 읽고 그녀가 흑인으로서 독일에서 생활하기가 쉽지 않았다는 것을 알게 되었다고 한다. 아우마는 경제력이 없는 상태에서 독일에서 유학을 했으니 더욱 그러했을 것이다. 그리고 독일 전설에서 흑인이 늘 악역을 맡게 되는 것에 대해 아우마가 충격을 느꼈다는 사실도 새롭게 알게 되었다고 한다. 오바마가 미국에서 느꼈던 혼동을 방식은 다르더라도 아우마도 공유하고 있었다. 또한 오바마가 그랬듯이, 자신이 항상 다른 사람들과는 다르다는 것을 의식하며 살아야 하는 데서 오는 자아 정체성에 대해 갈등했다.

알로이스 비어라허 교수는 그녀가 독일에서 피부색으로 인한 인종 차별을 몸소 겪지는 않았다고 한다. 그녀는 자신의 인종적 출신과 다른 피부색을 인식하면서 사람들을 대하지 않았고, 자신과 다른 사람들에 대해 이해하려고 노력하는 모습을 보여주었다고 한다.

하지만 아우마는 다른 사람들이 자신의 생각을 오해하고 있다고 느낀 적이 많았다. 독일 학생들과 잘 섞이지 못하는 것을 비롯하여 독일에 있는 흑인 학생들의 어려움을 그녀도 가지고 있었다.

아우마도 케냐 출신으로서 하와이 대학교와 하버드 대학교에서 공부하여 성공한 아버지에 대해서 항상 자랑스럽게 생각했다. 그러나 여러 번 결혼을 한 아버지는 미국에서 학위를 마치고 케냐로 돌아간 후에 자신의 많은 자녀들을 돌보지 않았다. 그리고 죽기 바로 전까지 케냐의 나이로비 변두리에서 절망 가운데 빈곤하게 살다가 교통 사고로 사망했다.

알로이스 비어라허 교수는 아우마가 자신의 학생으로 있을 당시 그녀에게 그렇게 경제적인 어려움과 가족간에 복잡한 문제가 있는지 몰랐다고 한다. 그런데 오바마가 미국 대통령 선거에 도전하면서 이복 동생인 아우마에 대해서도 여러 가지가 밝혀지면서, 당시 아우마가 자신에게서 아버지의 역할을 찾는다는 느낌을 받은 것이 어디에서 기인된 것인지 알 것 같다고 했다.

아우마는 바이로이트 대학교에서 박사학위를 받은 즉시 독일을 떠났다. 비어라허 교수는 그 후로 아우마에게서 한 번도 소식을 듣지 못했는데 그는 이를 몹시 아쉬워했다.

아우마 역시 독일에서 흑인으로서 문화적 언어적 갈등 속에서 허우적거리고, 자신의 복잡한 가족관계를 불평하기도 하며, 아버지가 미국에서 최고의 교육을 받은 지식층으로서 날개 뽑힌 새처럼 케냐에서 살아가는 것을 보면서 절망적인 가운데 살 수도 있었을 것이다. 그러나 그녀는 자신이 도전한 것을 끝까지 이루었다. 아우마가 독일 대학에서 박사학위 수여식에 당당하게 케냐 전통 의상을 입고 나타난 것을 보면 결국에 가서는 적어도 자신의 정체성을 찾으려고 노력했던 것은 사실이다.

미켈란젤로는 버려진 화강암 덩어리를 주워서 그 유명한 모세상을 조각하였다. 조각을 하다 보면 망치로 돌을 쳐야 할 때도 있고, 날카로운 칼날을 대야 할 때도 있을 것이다. 그러나 그 과정을 마쳐야 비로소 훌륭한 작품이 탄생한다. 모세상은 미켈란젤로가 돌덩어리 속에서 끄집어낸 것이지, 어디에선가 잘 만들어진 것을 가져온 것이 아니다.

환경이 어떠하든, 좋아 보이든, 나빠 보이든 간에, 그것이 진정한 자신이 되게 한다는 믿음을 가져보라. 환경에 대한 한탄을 멈추고, 그 가운데서 이루어낼 최선이 무엇인지 생각해보고, 그 환경이 자신을 성공시켜 줄 것이라는 믿음을 가져보라. 그런 믿음이 좋지 않은 환경도 딛고 일어서게 하는 힘이 되어줄 것이다. 바로 그 속에서 당신은 누구도 흉내낼 수 없는 독특한 삶을 성공적으로 이끌어낼 수 있을 것이다.

최상의 선택을 하라 그 다음은 뒤돌아 보지 마라

오바마가 태어나고 성장하던 1960년대는 인종 문제에 대해 새로운 인식과 더불어 실제 삶에서 변화의 바람이 불었던 시기였다. 또한 오랜 인종 문제의 갈등이 한 순간에 사라질 수는 없지만, 서서히 잊혀져 가고 있던 시기였다.

그 변화의 시기에 오바마는 비록 흑백의 혼혈로 태어나기는 했지만, 백인 어머니와 백인 외조부모가 있는 백인 가정에서 오래도록 성장했다. 인종에 대한 개방된 생각을 가진 가족들은 오바마가 흑인이라는 데 대한 열등감을 갖지 않도록 특별히 배려했다. 그 덕분에 어린 시절 오바마는 자신이 흑인이기 때문에 백인과 특별히 다른 취급을 받는다는 것을 의식하지 못했다. 자신의 인종 문제로 그렇게 큰 갈등을 느끼지 못하고 산 것이다.

그러나 오바마도 성장하면서 늘 가정이라는 보호막 아래 있을 수만은 없었다. 학교로, 사회로 삶의 범위를 넓혀 가면서 자신이 흑인이라는 사실을 점점 인식하게 되었다. 백인 사회에서 흑인으로 살아가는 것이 무엇을 뜻하는지 충격적인 사건들을 듣기도 하고 직접 접하기도 했다. 어떤 때는 피부가 검다는 것만으로 다른 사람에게 공포의 대상이 되어야 한다는 것을 경험하게 되기도 했다. 또 어떤 때는 오바마 자신도 피부가 검은 사람에 대해 공포감을 느낀 적도 있었다.

처음으로 오바마가 자신의 인종에 대해 인식하고 충격을 받게 된 것은 열 살이 채 되지 않을 때였다. 그는 우연히 어느 잡지에서 흑인의 사진을 보게 되었다. 그 사람은 얼굴도 검고, 생김새도 분명 흑인이었다. 그런데 그의 손등은 하얀 색이었다. 그 흑인은 백인이 되려고 백색 피부를 만드는 시술을 받았다고 했다. 그것도 자신의 재산을 몽땅 쏟아 부어서 말이다.

오바마가 더욱 놀란 것은 그 흑인뿐 아니라 이미 수많은 흑인들이 자신의 재산을 다 들이는 한이 있어도 그런 시술을 받는다는 사실이었다. 이 얘기를 〈내 아버지로부터의 꿈〉에 기록한 자신의 삶을 회고하는 부분에서 여러 번 거론한 것을 보면 충격이 어떠했는지 짐작할 수가 있다.

그러나 오바마는 자신이 흑인이기에 느껴야 했던 갈등을 누구에게도 말하지 않았다. 자신과는 피부색이 다른 사랑하는 가족들에 대한 배려에서였다. 백인인 어머니와 외조부모님이 그 얘기를 들을 경우 사랑하는 아들과 외손자가 느끼는 충격을 안타까워하며 슬퍼할 것이기 때문이었다. 그는 큰 충격에 빠졌지만 아무 일도 없었다는 듯 행동하면서 그 충격을 마음속 깊이 홀로 새겼다.

외조부모는 오바마의 아버지, 즉 자신의 흑인 사위에 대해서 오바마에게 의도적으로 좋은 얘기를 해주곤 했다. 그리고 흑인 차별에 대해 각별히 반감을 표하며, 오바마로 하여금 흑백의 혼혈로서 특별한 교육을 받도록 배려했다. 그러나 그들조차 백인이었기에 내면 깊은 곳에는 흑인에 대한 선입견이 없지 않았던 터라 무의식적으로 표현되곤 했다. 그럴 때면 오바마는 흑인으로서 떨칠 수 없는 외로움을 느꼈다.

충격적인 경험들로 오바마는 자신의 정체성에 대해 깊이 생각하게 되었고, 자신과 같은 입장에 있는 사람들에 대해 돌아보게 되었다. 이유 없이 부당한 대우를 받아야 하는 사람들에 대해서, 약자에 대해서, 빈곤의 테두리를 벗어나오려야 나올 수 없는 사람들에 대해서 공감하게 되었다. 그리고 그들을 도와야 한다고 강력하게 생각하게 되었다.

부정적인 경험으로 자포자기하고 자신의 처지를 한탄할 수도 있고, 그것을 역이용하여 약자를 더 잘 이해하고 그들을 위해 기여하려고 할 수 있다. 그러나 그것은 어디까지나 자신의 선택이다. 오바마는 두 가지 길 중에서 두 번째를 선택했다. 그러기에 그는 갈등 속에 허우적거리는 데 머무르지 않고, 그 모든 충격을 딛고 일어나 험하지만 소망이 있는 길을 걸어가고 있다.

모든 것은 거부할 수 없는 자신의 존재를 인식하면서 얻을 수 있다. 사실에 대한 외면함 없이, 거절함 없이 자신이 누구인지, 무엇을 원하는지, 어떻게 해야 원하는 것을 얻을 수 있는지를 아는 것이 바로 최상의 삶을 이루는 밑거름이다.

지금 우리의 삶은 우리가 선택한 것의 결과이다. 지금 하는 일도 자신이 선택한 결과이다. 그것이 행복하든 불행하든, 성공하든 실패하든 자신이 선택한 것이다.

지금 나의 삶이 지금까지 내가 선택한 결과라면 미래 또한 지금의 내가 선택하는 결과가 될 것이다.

행복하고 부유하고 건강한 삶을 원한다면 그런 삶을 선택하여 나아가야 한다. 오바마도 우리와 똑같은 선택의 기로에 있었다. 그러나 그는 누구나 쉽게 할 수 없는 선택을 하고 실행하며 꿈을 이루면서 살고 있다. 그리고 더 큰 꿈을 위해 뒤돌아보지 않고 앞을 향해 나아가는 과감한 선택을 했다.

꿈을 위한 시간

★ 출신과 환경은 자신이 어찌할 수 없다. 그러나 그것으로 무엇을 하느냐에 따라 성공과 실패는 갈라진다.

★ 환경은 꿈이 심겨진 토양이다. 흙 속에 숨겨진 보물을 찾아라.

★ 삶의 장벽에 부닥칠 때 꿈을 생각하고 또 생각하라. 꿈이 당신에게 그 장벽을 깨뜨리고 나올 힘을 줄 것이다.

★ 자신과 자신이 몸담고 있는 세상을 위해 최상의 것을 선택하라. 그리고 두리번거리지 말고 그 길을 떠나라.

불가능을 가능케 하는 힘,
담대한 희망을 품어라

담대한 희망은,
그것도 신앙에서 용솟음 치는 담대한 희망은
마치 흐르는 물에서
크나큰 힘을 이끌어내는 수력발전에 비유할 수 있다.
누구나 꿈을 가질 수 있다.
그러나 꿈을 이루기 위해서는 힘이 필요하다.
그 꿈이 크면 클수록 더 큰 힘이 필요하다.
오바마의 말에 의하면, 그 힘은 바로 담대한 희망이다.
희망이 없다면 꿈 자체를 꿀 수가 없기 때문이다.

나는 누구인가 사색하라 거기서 모든 것이 시작된다

두 가지 다른 세상에서 공존하면서 살아야 한다는 것은 또 다른 삶의 의미가 있다. 그 속에서는 어떤 방식으로든 생존해야 하므로, 특별한 자신만의 행동 양식을 개발해내지 않을 수 없다. 성인이 되어 대부분의 시간을 한국이 아닌 독일이라는 낯선 문화와 낯선 언어 속에서 낯선 사람들과 생활해야 했던 경험은 필자로 하여금 다 문화를 이해하며 적응해나가는 또 다른 독특한 사고 방식과 행동양식을 개발해내지 않으면 안 되도록 했다. 익숙한 한국에서는 생각하지 않아도 되는 것을 그곳에서는 생각해야만 했다. 필자 역시 그 속에서 생존해야 했기 때문이다.

독특한 환경 속에서 진정한 한 인간으로서 성장해야 할 곳까지 자라기 위해서 꼭 필요한 것은 자신이 누구인지를 정확히 아는 것이라고 말하고 싶다. 그리고 그 어떤 결론을 내렸건 간에 자신의 존재를 확인할 수 있는 뿌리를 확고히 해야 어떤 환경에 던져지더라도 흔들림이 없는 심지가 곧은 사람이 되어 자신의 잠재된 가능성을 활짝 펼치면서 자신만의 길을 갈 수 있다.

낯선 환경에서 자신의 뿌리를 굳건하게 찾지 못하는 사람은 삶의 갈등 속에 흔들리는 경우가 많다. 외국에서 그곳의 언어와 문화를 익히기 위해 현지인처럼 살아가려고 노력했던 사람이 자신의 정체성을 찾지 못한 채 말년에 이르러 마치 갈 길을 잃은 난파선과 같은 모습으로 한탄하는 것을 필자는 무수히 보고 있다.

똑같이 낯선 문화와 언어 가운데 던져지더라도 성공과 실패는 자신의 정체성을 확립하느냐, 확립하지 못하느냐에 달려있다고 해도 과언이 아니다. 이는 유독 자기 나라를 떠나 낯선 이국 땅으로 가는 것만을 말하는 것이 아니다. 우리 삶이 하나의 여행이라면 우리는 늘 낯선 환경을 만나게 되므로 그 속에서 자신의 정체성을 찾아야 한다.

오바마는 흑인 사회에서는 백인에 가까운 사람으로서, 백인 사회에서는 흑인에 가까운 사람으로서 백인이었다면 하지 않아도 좋았을 갈등을 해야 했다. 어디에도 소속됨 없이 살아야 했고, 항상 자신이 어디에 속해 있는지 의식하지 않을 수 없었다.

처음 케냐를 방문했을 때 오바마는 미국에서는 끊임없이 자신은 무언가 다른 사람이라는 인식을 해야 했는데, 그런 생각에서 완전히 벗어나 자유로움을 느꼈다. 같은 처지에 있는 사람들끼리 있으면 그런 다름에 대한 인식이 전혀 필요 없는 자유가 있었기 때문이다.

얼굴빛이 검다는 것은 자신이 선택한 것이 아니다. 그러나 흑인은 자신이 선택하지 않은 그 얼굴빛으로 계속해서 살아야 한다. 인종이 다르다는 것으로 분리되는 소외감을 이기기 위해서 스스로 투쟁을 하지 않을 수 없다. 그것도 소수의 연약한 인종에 속해 있을수록 더욱 그러하다. 그러하기에 오바마는 자신이 넘어야 할 벽이 많고, 도전해야 할 산이 더욱 더 높다는 사실을 깨달았다. 그 벽을 뚫고 그 산을 넘기 위해서 특별한 힘이 필요하다는 것도 알게 되었다.

사람이 어떤 억눌림과 저항을 느끼게 되고, 그것을 자신의 힘으로 이겨나갈 수 없으면 열등감을 느끼게 된다. 그 열등감은 분출하려는 성향이 있기 때문에 기회를 틈타서 원인이 되는 곳을 향해 뿜어져 나오기 마련이다.

다수 사이에서 소수는 정체성에 관해 갈등하게 되고, 그것은 거의 열등감이 생기고 자존심이 손상되는 형태로 나타난다. 오바마는 하버드 대학교와 같이 백인이 주류를 이루는 최고의 명문대를 다녔기에 더욱 더 절실히 그런 상황을 체험했다.

오바마가 차라리 모든 인간을 존중해야 한다고 가르치는 정통적인 미국인의 사상과 품성을 백인 어머니에게서 배우지 않았다면, 도리어 내적으로는 편안했을지도 모른다. 그러나 그는 어머니로부터 사람은 어떻게 생각하고 살아야 하며, 다른 사람을 어떠한 마음으로 대해야 하는지 배웠다. 마음 한 편에서는 열등감으로 생긴 행동이 뿜어져 나오려 하고, 또 다른 한 편에서는 그렇게 하면 안 된다고 통제하였으므로, 오바마의 내면은 그 둘 사이에서 늘 싸워야 했다.

그러나 성장하면서 오바마는 그 둘 사이의 갈등에서 최상의 것을 이끌어냈다. 최선을 다해 자신의 길을 개척했고, 또 이루었다. 그리고 더 큰 꿈을 향해 돌진하고 있다. 그러나 그는 자신의

의지나 노력과는 전혀 상관 없이 항상 주변에 보이지 않게 존재하는 벗어날 수 없는 울타리를 의식하지 않을 수 없었다.

오바마는 지금 그 견고한 울타리를 열고자 하는 것이 분명하다. 그래서 그는 변화를 외치고, 희망을 외치면서 대통령의 길을 달리고 있으리라. 울타리를 열고 나옴으로써 울타리에 갇힌 많은 자들을 풀어주려는 것이 분명하다. 그 일은 개인의 힘으로는 할 수는 없지만, 제도와 조직과 의식이 따라주면 얼마든지 가능하다.

어쩌면 오바마는 변화를 위해서 그런 환경에서 태어나서 성장하고, 지금에 이르렀는지 모른다. 어쩌면 그는 근본적인 질서의 변화를 위해 가장 일선에서 일할 준비가 된 인물인지도 모른다. 아니, 미국 역사가 그를 준비시키고 있었는지도 모른다.

백인 가정에서의 성장과 흑인으로서의 삶은 오바마에게 미국 사회의 정신과 질서를 바로잡고 통합할 수 있는 토대를 만들어주었을 것이다. 그는 억눌리고 약한 사람들의 내면 깊숙한 곳에 있는 갈등을 외면하지 않고 바라보고 있다. 그리고 시대가 요구하는 변화를 위하여 이미 길을 떠났다.

지금 당신을 둘러싼 환경은 어떠한가? 바로 당신이 있을 수밖에 없었던 그곳이 성공의 꽃을 피우며 살아야 하는 곳이 아닌지 깊이 통찰을 해보는 것은 어떨까? 바로 그곳이 성공의 시작점이 될 수 있다.

변화를 이끌어내는 진정한 리더가 되라

마틴 루터 킹 목사가 그 유명한 자신의 연설 속에서 "나에게는 꿈이 있습니다! 내 자녀들이 피부 빛깔로 다른 이들을 평가하지 않고 인격을 기준으로 평가하는 그런 나라에서 살게 되는 꿈 말입니다."라고 외칠 때 오바마는 어린아이였다.

킹 목사가 암살된 지 40년이 된 지금 오바마는 마치 킹 목사가 다시 살아나 미처 못다한 말을 외치기라도 하는 듯 "흑인 아메리카와 백인 아메리카도, 라틴계 아메리카와 아시아계 아메리카도 없습니다. 오직 아메리카합중국이 있을 뿐입니다."라고 연설하며 많은 사람들을 열광의 도가니에 빠뜨리고 있다.

킹 목사가 "나에게는 꿈이 있습니다!"라며 외칠 때 워싱턴 광장에 모인 수많은 사람들은 그의 비전을 마음에 새기며 이루어지기를 갈망했다. 그러나 그들 내면의 갈망과 열망을 외부로 자유롭게 분출하지는 않았다. 다만, 자신의 비전을 대신해서 부르짖어줄 수 있는 킹 목사를 존경하며 신뢰했다.

암살은 킹 목사의 비전을 죽이기 위함이었고, 킹 목사를 통해 사람들의 가슴속에 품은 비전을 제거하기 위함이었다. 그러나 마치 씨앗이 땅 위로 싹을 틔우고 줄기를 내고 나무가 되어 열매를 맺고 다시 씨앗을 내는 것처럼, 킹 목사의 비전은 사람들의 마음속에 자라서 다음 세대인 오바마를 통해 선포되고 있다.

킹 목사의 때와 달리 지금 미국 국민들은 오바마의 연설에 환호하고 열광하면서 꿈에 대한 열망을 자유롭게 분출하고 있다. 시대가 변했다. 그리고 인종에 대한 사람들의 시각과 인식도 변하고 있다. 흑인 여성인 콘돌리자 라이스가 미합중국의 국무장관이 되었고, 흑백의 혼혈인 오바마가 압도적인 지지를 받으면서 대통령에 도전하고 있다.

이제 미국의 인구 분포도도 변화하고 있다. 라틴계 미국인, 아시아계 미국인, 흑인과 아시아인 등 미국의 소수 민족들이 더 이상 소수가 아닌 주(州)도 여러 개 있고, 숫자도 날이 갈수록 늘어가고 있다. 40여 년 후에는 백인이 더 이상 미국의 다수 민족이 되지 않을 것이라는 예측도 나오고 있다. 그렇게 되면 모든 사회 분야에서 엄청난 변화가 일어나게 될 것이다.

오바마는 이러한 변화를 알고 있기에 이제 그 변화에 대처할 기본적인 의식을 가지고 준비해야 한다는 것을 알려주고자 한다. 그리고 그 변화에 대한 준비를 하고, 변화를 이루어 나가는 미국의 리더가 되고자 한다.

사실 오바마는 어느 한 인종에 대해서 특별히 애정을 가질 수 없는 특수한 입장에 있기도 하다. 다 문화 미국의 축소판인 다 문화 가정에서 자랐기 때문에 누구보다 다 문화 사회에서 겪는 갈등을 체험적으로 잘 알고 있기 때문인지도 모른다. 어느 인종이 우세하고 열세할 것이 없는 그의 가정이 하나이듯이, 여러 인종이 혼합된 미국이 하나의 국가일 따름이라는 것을 말하고 싶은지도 모른다.

오바마는 결코 흑백의 문제를 전면에 내세워 대선에 도전하고 싶지는 않았으므로, 즉 미국 대통령 선거전에서 인종 문제를 부각할 생각은 아니었으므로, 흑과 백의 경계를 허물어 통합하고, 국민들에게 희망을 불러 일으키는 지도자로서 이미지가 부각되기를 원했다. 그러나 민주당 후보 경선 과정에서 자신의 출생 배경과 인종 문제에 대해 침묵할 경우 경쟁자인 힐러리에게 불필요한 공격을 받아 불리한 위치에 처해질 우려가 있기 때문에 자신의 인종적 정체성을 분명히 했다.

자신이 원하든, 원하지 않든 흑인으로 살아왔듯이 오바마가 인종 문제를 말하고 싶든, 싶지 않든 주변은 그 문제에 관해 침묵할 수 없는 상황으로 몰아갔다. 그것은 현재 미국이 인종 문제에 대해 침묵할 수 없는 변화의 시기가 되었기 때문에 또 다시 인종 문제가 선거에 부각되고 있는 것은 아닌지 모르겠다.

바람이 꽃씨를 옮겨가듯이 변화의 바람 역시 우리가 가야 할 곳으로 데려간다. 오늘의 세상이 어제의 세상과 다르고, 내일의 세상이 오늘의 세상과 다르다는 것은 세월의 흐름 속에서 분명하게 인식할 수 있다. 인간이 달에 가는 것을 공상 과학으로만 여겼던 때가 엊그제 같은데, 이제 한국의 한 여성이 우주선을 타고 지구를 벗어나 우주로 갔다가 돌아왔다.

시대가 변해도 그 변화에 침묵하거나 눈을 감고 싶어하는 사람들이 있다. 그러나 실패와 성공은 변화에 침묵하느냐, 동승하느냐에 달려있다. 더 큰 성공은 변화를 이끌어내어 앞장 서는 사람의 것이다. 오바마 역시 시대의 변화에 침묵하지 않았다. 그는 멀리서 변화가 다가오는 것을 보고 한 손에 거머잡았다. 그리고 그것이 진정한 변화가 되도록 이끌어내고 있다.

신앙, 불가능을 가능케 하는 힘

경선의 열기가 더욱 뜨거워가고 있을 때 오바마의 신앙에 관심을 보이는 사람이 많아졌다. 오바마의 신앙에 의구심을 품을 수 있는 이슈들을 오바마의 경쟁자 측에서 내어놓았기 때문이다. 의외로 많은 사람들이 기독교인인 오바마가 무슬림이라고 생각하고 있었다. 이러한 결론이 나오게 된 것은 분명 오바마가 흑인이라는 출신적 배경 때문일 것이다.

사실 오바마는 어떤 특정한 종교적 분위기 속에서 성장하지 않았기 때문에 신앙이 없었다. 오바마의 성장 배경이 되어 준 어머니와 조부모님 또한 특정한 종교를 갖고 있지 않았다. 그렇다고 오바마가 특정 종교를 거부하는 것도 아니었다. 대신 그는 어머니의 영향을 받아 여러 종교와 신앙적 가르침을 경험하며 성장했다.

오바마의 아버지도 회교도 가정에서 자라났지만, 무신론자였다. 아버지가 설사 아프리카의 종교적 신념이나 성향이 있었더라도 오바마는 아버지와 함께 한 시간이 없기 때문에 종교적 영향을 받을 수 없었다. 의붓 아버지도 회교, 힌두교, 불교 등 여러 종교의 전통을 지닌 인도네시아인이지만, 종교는 갖고 있지 않았다. 오바마는 인도네시아에서 살 때 가톨릭 학교는 물론 회교 성향의 학교도 다녔다.

오바마의 어머니는 특정 신앙을 강요하지는 않았지만, 기독교 신앙이 가르치는 덕목들을 오바마에게 심어주었다. 다른 사람을 긍휼히 여기며 사랑하는 마음을 아들에게 심어주며 자신의 삶에서 그것을 실천했다. 또한 사람은 다른 사람을 배려해야 하고, 스스로 절제하며, 참을 줄 알고, 부지런하고 정직하게 열심히 살아야 한다고 가르쳤다.

그런 어머니의 정신적이고 영적인 가르침은 오바마로 하여금 자신이 가야 할 곳을 찾을 수 있게 해주었다. 또한 함께 하지는 않았지만, 아버지의 삶은 오바마가 원하는 것을 열정을 갖고 이루도록 힘을 실어주었다. 그러나 오바마로 하여금 약자와 빈민층을 돕기 위해 지역 사회 운동가가 되고, 그 일에 대한 전문 지식을 쌓고 영향력을 끼치기 위해 공부하며, 정치계에 뛰어들고, 대선에 도전하게 한 것은 무엇보다 어머니의 힘이 컸다.

오바마의 신앙적 기초는 흑인 교회에서 시작이 되었다. 오바마는 원래 뚜렷한 종교가 없었고 가져야 할 필요성도 느끼지 못했다. 그러나 그는 흑인 교회를 접하면서 흑인 교회가 실제 삶과 동떨어진 것을 추구하는 것이 아니라 삶을 변화시키는 힘이 있다는 것을 알게 되었다. 그리고 흑인 교회 구성원들이 어떤 일이 닥쳐도 신앙의 힘으로 소망 가운데 살아가는 것을 보았다.

흑인 교회 성도들의 신앙 생활을 보면서 오바마는 심각하게 하나님의 존재에 대해 고민하기 시작했고, 신앙을 갖는 문제에 대해서 진지하게 생각하게 되었다. 결국 그는 기독교인이 되었고, 세례를 받았다. 특별히 그가 흑인 교회에서 신앙을 갖기로 결심한 것은 신앙이 삶을 변화시키는 강력한 힘이 된다는 것을 그곳에서 깨달았기 때문이었다.

오바마가 미국인으로서 기독교 신앙을 가질 수밖에 없었던 것은 그가 기독교 국가라는 환경 속에서 살고 있는 것도 한 몫을 했다. 자신이 원하건, 원하지 않건 미국의 건국 정신이 기독교를 바탕으로 하고 있고, 또 모든 분야가 기독교 정신에 뿌리를 두고 있기 때문이다. 오바마는 미국 국민이 공동으로 가지고 있는 근본적 사상이 기독교 신앙에서 오는 것이므로 미국의 통합은 바로 기독교 신앙으로 시작된다는 것을 알고 있었다. 그리고 그 모든 것에 앞서서 불가능을 가능하게 하는 것은 신앙의 힘이라는 것을 깨달았다. 덕분에 그는 모두가 불가능하다고 하는 것을 신앙 안에서 확신을 가지고 향하고 있다.

담대한 희망으로 꿈을 현실로 만들어라

오바마는 꿈을 이루기 위해서는 어떤 어려움이라도 넘어설 수 있는 담대함이 필요하다는 것을 누구보다 잘 알고 있다. 꿈이 클수록 더욱 더 강한 담대함이 필요하다는 것도 알고 있다. 꿈이 있고, 희망이 있고, 담대함이 있는 사람은 주변에서 부는 바람에 흔들리지 않고 자신의 길을 꿋꿋이 간다.

오바마는 세계적으로 유능한 인재들을 배출하고 있는 하버드 대학교 가운데서도 가장 촉망받는 로스쿨을 우등생으로 졸업했으며, 하버드 대학교에서 최고의 권위를 자랑하는 법률학술지의 편집장을 지낼 만큼 실력을 인정받았다. 그가 흑인으로서 첫 번째 편집장이었다는 것은 더욱 사람들의 이목을 끌기에 충분했다.

이러한 오바마의 능력은 검증되어 법률계에서도 지대한 관심을 보였으나, 그는 조건 좋은 많은 제안들을 모두 거절했다. 그리고 자신의 꿈을 위해 보통 사람들이 가는 넓은 길이 아닌 좁은 길을 개척하고 있다.

대선 출마를 선포한 오바마와 함께 일했던 주변 사람들은 오바마가 자신의 길을 분명히 아는 사람이라고 평한다. 오바마는 주변인들의 말처럼 자신이 해야 할 바를 다른 사람이 알려주기를 기다리지 않고 찾아서 하는 사람이다. 자신이 누구인지를 알고, 어디에 서 있는지를 알며, 무엇을 원하는지 알고 택하는 사람이다.

오바마는 대선에 출마하면서 희망의 담대함이라는 말을 여러 인터뷰에 자주 쓰고 있다. 미국이 변화를 위해서는 담대함이 필요하다는 것을 일깨워주고 있는 것이다.

오바마가 '담대한 희망'에 대해 마음에 깊이 담기 시작한 것은 시카고에 있는 흑인 교회 라이트 목사의 설교를 들었을 때이다. 그때 라이트 목사는 성경 사무엘서에 나오는 '한나'라는 여인에 관한 이야기를 했다.

한나에게는 자녀가 없었다. 자녀를 낳은 남편의 둘째 부인이 자녀가 없는 한나를 비웃고 깔보았기에 한나는 자신이 너무나 초라했다. 남편이 변함 없이 자신을 더 많이 사랑하는데도 한나는 자녀를 얻고 싶어서 성전에 올라가 하나님께 간절히 기도했다. 하나님께서 자녀를 주실 것이라는 희망과 믿음의 기도는 이루어져 한나도 어머니가 될 수 있었다.

현실은 암담했지만 한나에게는 희망이 있었다. 그녀는 도저히 희망을 가질 수 없는 상황이었지만, 아들을 얻으면 하나님을 위해 드리겠다고 담대하게 서원했다. 오바마는 한나의 이야기를 통해 희망과 더불어 담대함을 가지면 꿈을 이룰 수 있다는 교훈을 얻었다. 그 순간 저절로 눈물이 흘렀고 가슴 깊은 곳에서 담대한 희망이 싹트는 것을 느꼈다.

담대한 희망은, 그것도 신앙에서 용솟음 치는 담대한 희망은 마치 흐르는 물에서 크나큰 힘을 이끌어내는 수력발전에 비유할 수 있다. 누구나 꿈을 가질 수 있다. 그러나 꿈을 이루기 위해서는 힘이 필요하다. 그 꿈이 크면 클수록 더 큰 힘이 필요하다. 오바마의 말에 의하면, 그 힘은 바로 담대한 희망이다. 희망이 없다면 꿈 자체를 꿀 수가 없기 때문이다.

그러나 꿈을 가지는 것과 이루는 것은 엄청난 차이가 있다. 꿈을 이룰 수 있다는 희망이 크면 클수록 이룰 가능성도 커진다. 희망이 크면 열정이 생기지 않을 수 없고, 그 열정은 꿈을 향해 나아가지 않을 수 없도록 만들기 때문이다.

꿈을 가진 자라면 오바마처럼 희망을 가지고 담대함이라는 날개를 달 필요가 있다. 꿈이 있는가? 그러면 그 꿈에 대한 희망을 가져라. 이루기 힘든 원대한 꿈이라면 더욱 담대한 희망을 가지고 오바마처럼 거침없이 돌진하라. 그러면 그 꿈은 더욱 빠른 속도로 다가와서 모습을 드러낼 것이다.

꿈을 위한 시간

★ 자신이 진정 누구인지를 고민하라. 그리고 자신이란 존재의 뿌리를 깊이 내리라. 뿌리 깊은 나무는 그 뿌리를 물이 흐르는 곳까지 깊숙이 내려 가뭄이 오는 때에도 성장에 성장을 거듭한다.

★ 변화를 이끌어내는 리더가 되라. 변화를 이끌어내는 자가 변화에 마지못해 이끌려가는 사람을 지배하게 된다.

★ 자신만의 굳건한 신앙을 가지라. 불가능을 가능하게 하는 힘은 바로 믿음에서 나온다.

★ 꿈이 있는 사람은 희망이 있고, 희망이 있는 사람에게 꿈이 있다. 도달하기 힘든 꿈을 꾸고 있는가? 그러면 더 담대한 희망을 가지라. 꿈을 향해 가는 힘이 거기서 나온다.

세대를 거쳐 자신에게 다가오는 위대한 꿈을 잡아라

마치 한 알의 씨앗이 떨어져
많은 열매를 맺는 것처럼,
지도자의 강력한 비전 제시는
후일 많은 열매를 맺는 것을
우리는 미국의 변화에서 볼 수 있다.
그리고 또 다시 그 열매로 거둔 씨앗이
오바마를 통해 심어지고 있음을 알 수 있다.

분열된 가정은 제대로 설 수 없습니다 - 에이브러햄 링컨

꿈이 있는 사람들에게는 자신이 가진 꿈을 이미 이룬 사람들이 눈에 들어오기 마련이다. 그래서 그런 사람들을 역할 모델로 하여 자신의 꿈을 이루어나가는 힘을 얻는다. 오바마에게 그런 인물 중 한 명은 에이브러햄 링컨 전 대통령일 것이다. 그로 인해 자신의 삶과 정치적 여정에 많은 영향을 받았기 때문에 오바마는 링컨의 이미지를 자신에게 접목하였다.

오바마는 의도적으로 2007년에 자신의 대통령 출마를 공식적으로 선언하는 장소를 일리노이 주 스프링필드의 옛 의사당 앞으로 결정했다. 그곳은 1858년에 링컨이 상원의원 선거에 출마하면서 "절반은 노예이고 절반은 자유인인 분열된 가정은 제대로 설 수 없습니다."라는 내용으로 그 유명한 '분열된 가정'이라는 제목의 연설을 한 곳이기 때문이다. 오바마 역시 미국의 분열을 통합하고자 하기 때문에 링컨이 노예 해방과 남북 화합을 연설한 그곳을 자신의 대통령 출마를 선언하는 장소로 택했다.

링컨의 그 연설은 통합과 희망의 메시지를 전하는 오바마의 뜻과 맞아 떨어진다. 오바마는 자신의 출마를 선언하는 연설에서 링컨의 생애는 또 다른 미래에 대한 가능성을 가르쳐주는데, 링컨이 몸을 바쳤던 미국에 대한 희망과 꿈이 자신에게도 있기 때문에 출마했다고 단호하게 말했다. 그는 링컨의 비전과 자신의 비전을 연결시킴으로써 링컨의 이미지를 자신의 이미지에 결합

시켰다.

링컨은 남북전쟁에 승리함으로써 연방을 보존하고, 노예를 해방시킨 미국의 존경받는 16대 대통령이다. 그가 미국 국내외에서 존경받고 관심을 끄는 이유는 비록 가난한 가정에서 태어나 성장했지만, 연방의 구원자이자 노예 해방자로서 큰 역사적 역할을 담당했고, 민주주의를 대변한 지도자였기 때문이다.

링컨은 독학으로 변호사 자격을 얻은 후 1832년 일리노이 주의회 선거에 출마하였다. 한 차례 낙선이라는 쓴 잔을 마신 뒤 1834년 주 의원에 당선됨으로써 정치계에 정식으로 발을 내디며 연방국회 하원의원과 연방국회 상원의원을 지내고, 1861년 대통령으로 취임하였다.

미국 남부에서는 노예제도를 반대하는 사람이 대통령이 된 것에 대해 갈등하는 분위기가 감돌았다. 그리고 예상치 않게 남북전쟁을 일으켰다. 그러나 링컨은 남북전쟁이 진행되던 중인 1864년에 다시 대통령에 당선되었고, 그 다음 해에 남북전쟁은 남부의 항복으로 끝이 났다.

전쟁 중이던 1863년 링컨은 게티스버그 연설에서 '미국이 자유 속에 잉태되고 만인이 모두 평등하게 창조되었다.' 는 명제 하에 새로운 나라로 탄생되었다는 것을 상기시키면서 자유와 평등의 메시지를 띠웠다. 그리고 링컨의 연설 가운데 가장 유명한 구절인 "인민의, 인민에 의한, 인민을 위한 정부는 이 지상에서 결코 사라지지 않을 것입니다."라는 말로 강력하게 비전을 제시했다.

링컨은 1861년에 있었던 그의 대통령 첫 취임 연설에서 노예 제도의 문제로 시작된 국민 분열에 대해 통합 의지를 보였다. 그는 물리적으로는 그 무엇도 국가를 분열시킬 수 없다는 것을 역설하며 연설을 시작했다.

링컨은 또한 국민들에게 자신이 생각하는 국가에 대한 소망을 선포했다. 그 내용은 한 국민은 서로 적이 되어서는 안 되고 친구가 되어야 한다는 것이다. 다시 말해, 어떤 상황들로 감정이 나빠질 수도 있지만, 그것으로 서로 간에 애정을 끊지 말아야 한다고 했다. 그렇게 할 때 하늘의 도움으로 통합은 분명히 이루어질 것이라고 그는 말했다.

링컨은 이런 통합 의지를 선포했지만, 미국은 그가 대통령으로 있던 1861~1865년에 남북전쟁을 치뤘다. 1865년 그는 자신의 두 번째 대통령 취임을 위한 연설에서 전쟁으로 인한 시련이 빨리 끝나기를 기원하면서 전쟁의 종결에 대한 갈망을 강력하게 외쳤다. 그리고 취임사 마지막 구절에 남북전쟁 종결 후에 온 국민이 단결해야 한다고 간절히 부탁했다. 그는 모든 전쟁이 마무리되는 과정에서 서로 악의가 아닌 자비로 대하며 평화롭게 전쟁을 끝맺기를 바랐다. 또한 그 소망을 담아 전쟁에 나간 사람들과 그로 인해 가족을 잃은 나머지 식구들을 돌보면서 끝까지 평화를 이루어나기를 부탁했다.

그 취임 연설이 있은 지 37일 후에 드디어 남북전쟁은 종결되었다. 링컨에게 중요한 것은 물론 남북전쟁의 종결이었다. 그러나 그가 진정으로 존경받는 정치적 지도자로 지금까지 미국에 영향을 주고 있는 까닭은 자유와 민주주의에 대한 확고한 믿음, 그것을 이룰 수 있다는 비전, 인간에 대한 사랑과 이해, 깊은 신앙 때문이다.

링컨은 그의 두 번째 대통령 취임 연설에서 알 수 있듯이, 전쟁의 승리에 앞서서 전쟁이 끝난 후에 어떻게 국민이 화해를 해야 하며, 다시 나라를 일으킬 것인가 하는 미국의 정신적 문제를 더욱 생각하였다. 그러나 1865년 4월 14일 저격당하여 다음날인 4월 15일 사망하였다. 전쟁의 상처를 딛고 용서와 화해와 사랑으로 나라를 다시 건설하자는 메시지를 전한 지 한 달이 되고, 남북전쟁이 남부의 항복으로 끝난 지 열흘 즈음 되는 때이다. 그는 미국의 화해와 재건을 함께 하지 못했지만, 그의 메시지는 미국민의 마음속에 박혔다.

마치 한 알의 씨앗이 떨어져 많은 열매를 맺는 것처럼, 지도자의 강력한 비전 제시는 후일 많은 열매를 맺는 것을 우리는 미국의 변화에서 볼 수 있다. 그리고 또 다시 그 열매로 거둔 씨앗이 오바마를 통해 심어지고 있음을 알 수 있다. 링컨의 뒤를 이어 통합을 외치는 오바마의 비전 제시로 미국은 또 다른 변화의 길로 가고 있는지도 모른다.

세계는 변하고 있습니다 - 케네디

링컨과 더불어서 오바마가 역할 모델로 삼는 사람은 바로 존 F. 케네디 전 대통령이다. 그는 공공연하게 자신이 케네디 전 대통령의 이미지를 갖고 싶어한다고 말하지는 않는다. 그러나 대통령 선거을 위해 오바마는 전략적으로 케네디의 이미지를 자신의 이미지에 접목하여 '검은 케네디'의 이미지를 그려내고 있다. 오바마가 선거에서 던지는 메시지는 많은 부분이 자연스럽게 케네디를 연상하게 한다. 사실 오바마는 케네디가와도 절친한 사이일 뿐 아니라 케네디가에서도 오바마의 대선을 알게 모르게 돕고 있기도 하다.

존 F. 케네디는 상원의원을 거쳐 대통령에 취임했다. 그는 특히 낡은 정치에 도전하면서 새로운 시대에는 새로운 변화를 이루어야 한다면서 변화에 대한 의지를 강력하게 드러냈다. 1960년 7월의 민주당 대통령 후보 수락 연설에서는 세계가 변화하고 있기 때문에 이제 과거에 얽매이지 말고 미래에 관심을 두어야 한다고 하면서 변화를 주장했다. 그의 변화에 대한 의지는 오바마가 유산으로 그대로 물려받았다고 해도 과언이 아니다. 그가 대선에서 던지는 강력한 메시지는 바로 오바마가 외치는 새 시대의 새로운 변화이기 때문이다.

미국의 35대 대통령인 존 F. 케네디는 로마 가톨릭 교회의 신앙적 교육을 받고, 미국 민주당의 정치 이념을 배우며 성장했다.

하버드 대학교를 졸업한 다음 해에는 해군에 입대해서 남태평양으로 전출되었다. 전쟁 중에 일본 구축함의 공격을 받아 중상을 입기도 했지만, 뛰어난 지휘력으로 부하들을 안전하게 살려내어 해군 해병대의 훈장을 받기도 했다.

케네디는 29세에 하원의원에 출마한 때부터 한 번도 자신의 선거를 승리로 이끌지 못한 적이 없다. 그는 국가 내부로는 근로환경, 공공주택, 임금 문제, 물가안정, 노인복지정책 등 민생에 역점을 두고, 외교분야에서는 냉전 정책을 지지하는 진보주의자로서 세 차례에 걸쳐 하원의원을 지냈다. 상원의원을 지내면서는 선거인단 철폐제안에 반대하고, 노동개혁에 앞장 서는 등 민권보호법안에 더욱 깊이 관여하였다.

로마 가톨릭 신자인 케네디는 1960년 대통령에 입후보하여 개신교도가 대다수를 이루고 있는 웨스트버지니아 주의 예비선거에 승리하여 로마 가톨릭 신자에 대한 종교적 금기현상에 일격을 가하기도 했고, 텔레비전에 방송된 휴스턴 연설에서는 정교분리를 지지하는 말을 함으로써 가톨릭 문제를 해결하기도 했다. 대통령 후보 수락 연설에서는 "우리는 뉴 프런티어의 한 끝에 서 있습니다."라고 선언하며 그의 뉴 프런티어 정신을 강조했다.

케네디는 미국 역사상 최연소자이자 최초의 로마 가톨릭 교도로서 대통령에 당선되면서 다시 한 번 미국을 힘차게 만들어보

자는 구호를 외치며 새로운 시대에 대한 희망을 불러일으켰다. 그리고 대통령 취임 연설에서는 인류 공동의 적인 압제, 빈곤, 질병, 그리고 전쟁으로 생기는 지속적이고 힘든 투쟁의 짐을 함께 짊어지고 나가자고 요청했다.

1964년에 있을 제36대 대통령 선거에 또 다시 나갈 계획을 세운 케네디는 자신이 국민적인 지지를 받는 데 장애가 되는 민주당 인사와의 불화를 해소하고 단결하는 모습을 보여주려고 두 명의 민주당 인사와 함께 텍사스 주를 순회하기로 했다. 그러나 1963년 11월 22일 부인과 함께 달라스 시를 통과하여 자동차 퍼레이드를 벌이던 중 암살당했다.

케네디는 미국 제35대 대통령 취임식 때 그 자리가 결코 한 정당의 승리를 축하하는 것이 아니라 새로운 변화와 쇄신을 뜻하는 자유를 축하하는 자리라고 역설함으로써 연설을 시작했다. 그리고 그 어떤 대가를 치르게 되든, 그 어떤 짐을 지게 되든, 자유를 지켜나갈 것이라고 단호히 외쳤다. 아울러 함께 협력하면 그 어떤 모험도 이루지 못할 것이 없지만, 흩어지면 그 무엇도 해낼 수 없으므로, 새로운 자유 시대의 시작을 위해 힘을 모아야 한다고 주장했다.

그는 마지막으로 그런 소명을 달성하기 위해 쏟아내는 열정과 신념과 헌신이 모든 국민과 세상을 밝혀줄 것이라는 말로 희망을 불어넣었다. 그리고 조국이 국민을 위해 무엇을 할 수 있는지를 묻지 말고, 국민들 자신이 조국을 위해 무엇을 할 수 있는지를 자문해보라고 했다. 또한 전 세계 사람들을 향해서 미국이 무엇을 베풀어줄지 묻지 말고, 함께 손을 잡고 인류의 자유를 위해 무엇을 할지 자문해보자고 했다.

케네디는 미국 국민과 세계인들을 향해서 새 시대에 가져야 할 자세를 역설하는 동시에 모두가 함께 사랑하는 나라를 이끌어가자고 호소하면서 연설을 마쳤다.

1960년 케네디가 43세의 나이로 대통령에 출마할 때 오바마는 어린아이였다. 수십 년의 세월이 흐른 지금 오바마 역시 존 F. 케네디처럼 현 기성 정치 체제를 개선하고 새로운 정치와 새로운 세대를 위한 변화를 외치면서 새로운 역사의 장을 함께 열어나가자고 권면하고 있다.

나에게는 꿈이 있습니다 - 마틴 루터 킹

마틴 루터 킹 목사는 특별히 오바마가 존경하는 인물이다. 오바마는 어린 시절 어머니로부터 킹 목사에 대한 이야기와 다른 흑인 지도자에 대한 이야기들을 접했다. 그리고 자신도 킹 목사와 같은 지도자가 되어서 억눌리고 약한 자들에게 꿈과 희망을 주는 사람이 되어야겠다고 생각했다. 대선에 출마한 오바마는 킹 목사가 말한 희망의 메시지를 계속해서 전하면서 이전 세대에서 이루지 못한 꿈을 성취하기 위해 전진하고 있다.

킹 목사는 비폭력 무저항 운동의 리더로서 폭력이 아닌 사랑으로 세상의 불의에 저항하며, "세상에 이루어진 모든 것은 희망이 만든 것입니다."라는 말로 억압된 자들에게 희망의 메시지를 불어넣었다. 그는 흑인이기는 하지만 다른 흑인들과는 달리 중류층 가정에서 태어나 대학 교육을 받았으며, 인종 차별을 직접 경험한 적이 그리 많지 않았다.

킹 목사는 알라바마 주의 몽고메리 시에서 버스 보이콧(boycott : 어떤 일을 공동으로 받아들이지 않고 물리치는 일) 운동의 대표로 뽑히면서 흑인 지도자로서 모습을 드러내었다. 당시 미국에는 버스 좌석이 흑인용과 백인용으로 구별되어 있었는데, 이 법을 없애고자 흑인들은 11개월에 걸쳐서 보이콧 운동을 벌였다.

그 운동의 중심에서 활동하면서 그는 흑인에 대한 차별 문제를 가까이에서 몸소 접하게 되었고, 인종 문제를 해결하는 것이 얼마나 절박한 사안인가를 뼛속까지 경험했다.

킹 목사는 버스 보이콧 운동을 하는 과정에서 흑인들에게 외치기를, 폭력을 쓰지 말고, 원수를 사랑하며, 백인들이 흑인들에 고난을 주거나 차별을 해도 그들을 사랑하고, 용서해야 한다고 했다. 이렇게 그는 비폭력 무저항주의적 생각을 선포함으로써 흑인 민권운동의 상징적인 인물이 되었다.

킹 목사는 또한 반전 운동에도 적극적으로 가담했다. 그가 지도자로 등장하던 1960년대 미국은 자유와 민주주의를 내세워서 월남전을 치르고 있었다. 정치적 목적에 의해서 시작이 된 전쟁은 많은 사상자를 내었고, 끝을 알 수 없는 장기전으로 들어가고 있었다. 그때 킹 목사는 전쟁을 반대하는 운동에 앞장 섰다. 그렇게 해야 한다고 확신했기에 소신대로 활동했다. 킹 목사처럼 오바마 역시 이라크 전쟁을 적극적으로 반대하면서 이라크 파병 자국 군인들의 즉각적인 철수를 공약으로 내세우며 강력하게 주장하고 있다.

킹 목사는 1964년 35세라는 젊은 나이로 노벨 평화상을 받았다. 그러나 흑인 사회의 진보주의자들로부터 비난을 받고, 백인 주류 세력에게 소외당했다. 심지어는 자신의 소신을 포기하지 않았던 대가로 1968년 4월 4일 테네시 주 멤피스에서 39세의 나이에 암살당했다.

킹 목사는 노벨 평화상을 수상하기 전 해인 1963년 8월 28일 워싱턴 광장에서 역사적으로 깊이 뿌리 박혀 있는 인종 차별을 없애고, 사회적으로 혼란했던 미국에 시대와 국가를 넘어선 자유와 희망과 꿈을 전달하는 메시지를 전했다. 그것이 바로 최고의 연설로 인정받고 있으며, 지금까지 사람들의 마음에 심어져 있는 "나에게는 꿈이 있습니다(I have a dream)!" 라는 제목의 연설이다. 킹 목사는 그 연설로써 인종 차별로 억눌린 사람들의 가슴에 희망과 꿈을 품게 하였다. 그가 선포한 꿈은 많은 사람들의 꿈이 되었고, 세월이 흐른 지금 현실이 되어 삶 가운데 이루어지고 있다.

킹 목사가 사람들에게 자유와 평등의 꿈을 심어주었다면 오바마는 미래를 향한 희망과 변화의 꿈을 심어주었다. 미국은 킹 목사의 "나에게는 꿈이 있습니다!"라는 연설을 수십 년이 지난 지금 오바마의 입을 통해 듣고 있는지도 모른다. 그렇기 때문에 지금 미국은 오바마가 전하는 희망의 메시지에 마치 킹 목사의 연설을 다시 듣는 듯 귀를 기울이고 있는지도 모른다.

킹 목사의 말은 오바마의 어머니나 미디어 등 여러 가지 경로를 통해 어린 오바마의 가슴에도 심어졌다. 그리고 그 아이가 성장하여 킹 목사와 같은 꿈을 꾸고 킹 목사와 같은 미대륙의 지도자가 되려고 길을 가고 있다.

킹 목사의 꿈을 가슴에 심은 사람은 오마바만은 아닐 것이다. 그러나 그 꿈이 모든 사람의 삶 속에서 열매를 맺는 것은 아니다. 성공한 사람과 성공하지 못한 사람은 바로 이러한 점에서 차이가 난다고 할 수 있다.

꿈을 위한 시간

★ 모든 생명체가 홀로 존재하지 않고 유기적인 관계를 갖는 것처럼 꿈은 이 세상의 모든 꿈과 유기적인 관계를 갖는다.

★ 당신의 꿈이 세상의 꿈과 맞닥뜨려지면 물이 높은 곳에서 낮은 곳으로 흘러가듯 이루어지지 않을 수 없다.

★ 당신의 세대에 이루어지지 못할 큰 꿈이 있다면 다음 세대를 위해 계속해서 꿈을 꾸어라.

제 2 부

Barack Hussein
Obama

최고가 되기 위한 오바마의 위대한 리더십

돌진하라 그리고
자신이 원하는 것을 가져라

오바마는
'거침없는 돌진' 이라는 말이
잘 어울릴 정도로
주변 어떤 것에도 흔들리지 않고
자신이 가고자 하는 길을 향해
앞으로 앞으로 나아가고 있다.
누가 뭐라고 해도 상관하지 않는다.
그저 자신의 길을 열심히 갈 따름이다.

기회는 꿈을 꾸는 자에게 주어지는 선물이다

자신이 오랫동안 열심히 해 온 일을 누군가는 이미 엄청나게 성공했다는 말을 들을 때 보통 사람들은 '어떻게 그 사람은 그런 성공을 거두었을까?' 라고 생각하기에 앞서 '그 사람은 참 운이 좋아. 어떻게 하는 일마다 그렇게 잘 될까?' 라고 마냥 부러워하는 경향이 더 많다.

오바마는 자신과 같은 환경에 있는 사람들에 비해서 자신은 운이 좋은 편이어서 지금의 자리에까지 이르렀다고 겸손하게 말한다. 그러나 운이란 것도 준비되어 있는 사람에게 다가간다. 대부분 운은 기회라는 모습으로 우리에게 주어지게 된다.

오바마에게도 결정적인 기회를 잡게 된 사건이 하나 있었다. 그 기회를 잡지 않았더라면 백악관 문을 두드리기까지 어쩌면 더 오랜 시간이 걸렸을지도 모른다. 기회가 왔을 때 그도 일반인들처럼 '난 아직 준비가 되지 않았어! 나보다 훌륭한 사람이 너무나 많은데 내가 어떻게? 웃음거리가 될 거야!' 라고 생각하면서 뒤로 물러났을 수도 있었을 것이다. 그러나 그는 그렇게 하지 않았다.

오바마는 2004년 민주당 전당 대회에서 기조 연설을 해달라는 제안을 받았다. 그것은 그를 비롯한 모두가 깜짝 놀랄만한 의외의 제안이었다. 이제 막 정치계에 입문한 그가 쟁쟁한 정치인들을 제치고 중요한 자리에 서게 되는 순간이었기 때문이다.

그것은 평생 찾아올까 말까 한 기회였다. 오바마는 그 제안을 받는 순간 이제 자신이 나설 때가 되었음을 알았다. 기조 연설은 바로 자신을 미국 앞에 드러낼 절호의 기회였다. 그는 그 기회를 놓치지 않고 기꺼이 받아들였다.

2004년 대선 당시 대통령이 공화당에서 나올 것이 거의 확실시 되고 있었기 때문에 사람들은 민주당 전당 대회는 별 관심도 없었을 뿐 아니라 기대도 하고 있지 않았다. 그러나 매사추세츠 주 보스턴 시의 전당 대회에서 의외의 인물인 기조 연설자 버락 오바마를 보면서 사람들은 강력하면서도 감성을 자극하는 그의 연설에 빠져 들었다. 그 연설을 시작점으로 해서 오바마는 일약 정치적 스타가 되었다.

오바마가 17분에 걸쳐서 한 기조 연설은 텔레비전으로 전 미국에 생중계되었기 때문에 아무런 편집도 없이 수많은 사람들이 그가 하는 말 그대로를 듣게 되었다. 아직 정치계에서 상원의원으로서 특별한 검증도 받지 않았고, 검은 피부를 가진 그가 기조 연설을 할 수 있었던 것은 큰 행운이었다. 그것을 계기로 오바마는 대통령에 도전하는 더 큰 기회를 거머쥐게 되었다.

그 전당 대회에서 오바마가 한 기조 연설의 주제는 '담대한 희망'이다. 이 연설에서 그는 변화가 필요하다는 점을 역설했다. 그는 정부가 국민의 모든 문제를 해결해주리라 생각하는 것은 아니지만 '정책의 우선 순위'를 조금만 바꾸어준다면 미국의 모

든 어린이들에게 '동등한 기회의 문'을 열어 줄 수 있을 것이라
고 말했다.

오바마는 변화와 더불어 흑백 문제와 정치 문제로 분열된 미국
이 이제 통합할 때임을 강력하게 외치면서 통합이 자신이 국민
들에게 제시하는 비전임을 공표했다. 그는 미국이 레드 스테이
츠(red states : 미국 공화당을 지지하는 성향이 있는 주)와 블루 스테이
츠(blue states : 미국 민주당을 지지하는 성향이 있는 주)로 나누어진
나라가 아니라고 했다. 미국에는 흑인 아메리카, 백인 아메리카,
라틴계 아메리카와 아시아계 아메리카도 존재하지 않으며, 오로
지 '아메리카 합중국'만 있을 뿐이라며, 스스로 통합에 대한 확
신을 갖고 외쳤다. 그의 이 말은 사람들의 마음속에 비수처럼 꽂
혔고, 기억에서 사라지지 않는 비전이 되었다.

사람들은 열광했다. 때로는 진지하게, 때로는 강력하게 던지는
오바마의 연설에 귀를 기울이지 않을 수 없었다. 변화와 통합과
그것을 이룰 수 있다는 희망의 메시지는 사람들의 마음을 뜨겁
게 달구었다. 오바마라는 존재는 미국을 깜짝 놀라게 하면서 열
광의 도가니에 빠뜨렸다.

오바마는 우리가 사는 이 세상은 상황에 따라서는 어쩔 수 없
이 전쟁을 선택할 수 있겠지만, 절대적으로 전쟁을 가장 먼저 선
택해서는 안 된다고 하면서 자신의 의견을 정확하게 피력했다.
사람들은 그의 말에 귀를 기울이면서 진지하게 생각할 수밖에

없었다. 그것은 부시 정부의 이라크 침공에 대한 일침이었기 때문에 이라크 침공에 대해 부정적으로 생각하는 수많은 사람들의 관심을 끌기에 충분했다.

오바마는 사람들의 감성에 호소했다. 그의 말은 사람들의 마음을 움직였다.

오바마는 자신이 연설을 하고 있는 사우스이스트에 만약에 글을 모르는 어린이가 있다면 그것이 진정 자신에게는 중요한 일이라고 했다. 그리고 어디엔가 돈이 없어 약을 살 수 없거나 집세를 내지 못해 힘들어하는 노인이 있다면 그것이 오바마 자신의 삶을 더욱 빈곤하게 만드는 것이라고 했다.

연설이 끝날 무렵 오마바는 "기나긴 정치적 암흑을 지나서 밝고 밝은 날이 이제 다가오게 될 것입니다."라는 말로써 또 다시 사람들의 감성에 호소했고, 사람들은 그에게 우레와 같은 박수와 환호성을 보냈다. 그의 연설은 사람들의 가슴에 신선한 충격으로 파고 들었다. 그때부터 수많은 사람들이 그의 팬이 되고, 지지자가 되었다.

오바마의 기조 연설은 신문 등 대중매체의 관심을 한 몸에 받으면서 미국 전당 대회에서 들었던 연설 중에서 최고라는 찬사를 받았다. 그리고 수많은 연설 분야의 전문가들은 그 연설이 사람의 마음을 사로잡을 만큼 감동적이었다고 평했다. 많은 네티즌들도 그의 연설에 감동받았다는 글을 끝없이 인터넷에 올리기도 했다.

그 기조 연설이 있던 다음 해인 2005년 대선에서 공화당이 승리를 거두었고, 민주당은 대통령 선거뿐 아니라 민주당의 상원 의원과 하원의원을 선출하는 선거에도 모두 패배했다. 그 당시 모두가 예상하고 있던 결과였다. 그런 가운데서도 오바마는 압도적인 표를 얻어서 상원의원이 되었다. 그것은 그의 기조 연설이 얼마나 성공적이었는가를 말해주는 국민들의 반응이라고 보아도 좋을 것이다.

그때부터 오바마는 변화와 통합을 자신의 정치적 브랜드로 만들었다. 서서히 사람들에게 자신의 브랜드를 인식시키면서 수많은 지지 세력을 끈질기게 확보해나갔다. 그는 마치 스폰지에 물이 젖어 들듯이 미국민의 마음속으로 스며들어갔다.

그리고 그 기조 연설을 한 지 4년이 흐른 후, 미국 역사상 최초의 흑인 대통령이 되겠다는 꿈을 안고 2008년 대통령 출마를 선언했다. 그리고 대통령 후보가 되기 위해 민주당 경선에서 위치가 확고한 힐러리 클린턴의 강력한 경쟁자가 되어 한판 승부를 가리고 있다.

기회가 온다는 것을 알고 준비하는 사람에게는 기회가 정확하게 보인다. 이미 놓쳐버린 중요한 기회를 생각하면 안타깝겠지만, 아직 기회가 남아있음을 확신하기에 대비해야 한다. 기회를 잡으려고 준비하면 그 기회가 어떤 모양을 하고 다가오든 오바마처럼 잡을 수 있을 것이다.

찬란한 빛을 발하는 별 중의 별이 되라

밤하늘에 있는 무수한 별들 중에 더욱 찬란한 빛을 발하는 별이 되기 위해서는 소망하고 꿈꾸며 열정을 가져야 한다.

오바마는 끊임없이 자신의 빛을 밝히고 있다. 그것도 다양한 곳에서 다양한 방법으로 자신의 영역을 넓히면서 두각을 나타내고 있다. 그 원인은 무엇일까? 그에게는 누구보다 강한 열망이 있기 때문이다. 열망이 없으면 성장도 성공도 있을 수 없다.

오바마가 2004년 전당 대회의 기조 연설에서 인종 갈등과 이라크 전쟁에 관한 문제로 생긴 정치적인 대립을 극복해야 한다고 외칠 때 사람들은 강렬한 빛을 발하며 자신의 존재를 알리는 그를 유심히 바라보기 시작했다. 정치계의 많은 별들 중에서 바로 오바마라는 별이 눈에 띄게 된 것이다. 그리고 별자리에 이름이 붙여지듯이 오바마에게는 '검은 케네디' 라는 의미 있는 이름이 붙여졌다.

검은 케네디란 이름에는 오바마가 추구하고자 하는 이미지가 제대로 반영되어 있다. 오바마는 자신이 무엇을 하고자 하는지 알렸다. 사람들은 그것을 제대로 읽어냈으며, 오바마가 생각하던 대로 그에게 검은 케네디라는 이름을 붙여주었다. '검은 케네디'라는 이름은 오바마의 이미지 정책에 그대로 맞아 떨어진다.

케네디는 미국과 세계 역사 속에서 별처럼 떠올라서 세월이 지나도 잊혀지지 않는 지도자이다. 특히 그는 미국민들에게 할 수 있다는 가능성을 심어주었다. 그는 아무도 상상하지 못했던 1960년대에 달을 정복할 수 있다는 비전을 제시하고 이루어냄으로써, "불가능은 없습니다. 모든 것이 가능합니다."는 희망을 강력하게 불어넣어주었다. 바로 그 변화와 도전에 대한 희망을 오바마가 불어넣고 있기에 그에게는 검은 케네디란 이름이 붙여졌다.

오바마는 기조 연설에서 사람들의 시선을 받는 것에 만족하지 않았다. 꿈이 있었기 때문이다. 그는 기조 연설에서 얻은 인기를 대통령 출마에 이르기까지 이어가도록 했다. 오바마에 대한 대중의 관심도는 선거 유세 때 사람들의 반응을 보면 잘 알 수 있다. 오바마가 선거 유세장에 나타나면 사람들은 일어서서 그의 이름을 부르고 박수를 치는 등 끊임없이 환호한다. 그가 나타나는 곳이면 마치 유명 연예인이 나타난 듯한 풍경이 연출되곤 한다.

오바마를 중점적으로 취재하는 기자들은 사람들이 그의 첫 인상에 놀란다고 한다. 젊고 잘 생긴 데다 매력적이기 때문이다. 오바마는 대중 앞에 설 때는 주로 짙은 색 양복에 밝은 셔츠로 카리스마 있는 모습을 연출하고, 소수의 사람들을 만날 때는 친밀한 느낌을 주는 셔츠를 즐겨 입는다. 그때마다 자신이 하고자 하는 말에 설득력을 더하는 이미지 전략을 쓰는 것이다.

오바마의 인기는 특히 젊은 층에서 더욱 더 상승하고 있다. 그동안 정치에 뒷짐을 지고 있던 젊은이들이 오바마를 보고 다시 정치에 관심을 돌릴 정도이다. 그 이유는 그가 인종과 이념을 뛰어 넘어서는 큰 변화를 시도하고 있기 때문이다. 오바마는 다른 경쟁자들이 자신과 비교할 수 없을 만큼 나이가 많기 때문에 차라리 자신의 젊음을 강력한 무기로 대선에 도전하고 있다. 이러한 전략은 다행히도 그의 의도와 잘 맞아떨어지고 있다.

오바마의 인기도는 그의 저서가 판매되는 부수에서도 나타난다. 최근에 발행된 〈The audacity of hope : 버락 오바마, 담대한 희망〉이란 책은 수개월째 베스트셀러이고, 십수 년 전에 출간된 자서전 〈내 아버지로부터의 꿈〉은 처음 발간 당시에는 잘 팔리지 않다가 근래에 베스트셀러가 되고 있다. 이 외에도 오바마를 대상으로 하는 책들이 날이 갈수록 늘어나고 있으며, 수많은 언어로 번역되어 팔리고 있는 것만 보아도 사람들의 관심을 가히 추측할 수 있다.

사실 오바마가 대통령이 될 수 있을까 반신반의하는 분위기가 흑인들 사이에 감돌았던 적도 있다. 그가 흑인이기는 하지만, 어머니가 백인인데다 백인 가정에서 자랐기 때문이다. 애석하게도 오바마는 분명 백인 측에서 보면 흑인이지만, 흑인 측에서 보면 백인으로 여겨질 수 있는 애매한 입장에 있다.

그러나 오바마가 등장한 이후 클린턴을 지지하던 흑인 세력이 오바마에게로 쏠리고 있다. 이는 사람들이 낯선 오바마에 대해서, 또 그를 통해 예비 흑인 대통령에 대해서 점점 적응하고 있기 때문이다. 따라서 미국 최초의 흑인 대통령이 탄생할 가능성은 점점 더 강하게 점쳐지고 있다.

처음 보는 연예인이 텔레비전에 나오면 사람들은 낯설어서 그를 주시하지도 않고 마음도 주지 않는다. 그러나 그가 여러 프로그램에 나와서 익숙해지면 점점 더 좋아하게 된다. 사람은 익숙한 것을 좋아하고, 낯선 것에 대해 경계하기 때문이다. 오바마의 경우도 그러하다.

오바마의 지지도도 유명 연예인의 인기처럼 점점 더 높아가고 있다. 대의원 수를 확보하는 2008년 2월 슈퍼 화요일 예비선거에서 힐러리가 대부분 지역에서 승리했지만, 그 이후에는 오바마가 거의 모든 지역에서 승리하는 쾌거를 올렸다. 실제로 오바마가 민주당의 후보가 될 가능성은 아주 높아졌다. 그러나 2008년 3월에 있었던 미니 슈퍼 화요일 예비선거에서는 힐러리가 더 많은 지역에서 승리를 하는 등 접전이 계속되었다.

열렬한 지지자들의 환호 속에서 미국의 분열을 극복하고 변화의 새로운 희망을 갖자고 외치는 오바마를 보면서 이전 세대에서 가장 존경받던 존 F. 케네디를 떠올리는 사람들이 많다. 그런데 아이러니하게도 존 F. 케네디가 대통령으로 취임한 바로 그

해인 1961년에 오바마가 태어났다. 오바마는 미국 역사상 최연소 대통령인 존 F. 케네디처럼 젊고 참신하며 새 시대에 희망을 주는 대통령이 되겠다는 꿈을 갖고 있다. 그 꿈을 이루기 위해 오바마는 묵은 세대의 묵은 정치 방식에 식상한 국민들의 마음을 새로움으로 이끌어내는 전략을 씀으로써 정치적 경험이 부족한 자신의 약점을 덮으려 하고 있는 것이다.

미국이 오바마와 함께 이제 새로운 시대의 장을 열 것인가 하는 것은 1차는 민주당 경선이, 2차는 44대 대통령 선거가 답을 줄 것이다. 그러나 그 결과와 상관없이 오바마는 새로운 변화의 시대에 새로운 정치적 스타로 모습을 확실히 드러낸 것만은 틀림없다.

당신이 몸담고 있는 학교나 기업이나 단체 등에서 무슨 일을 시작할 때 가장 먼저 떠오르는 사람은 누구인가? '그 사람이라면 믿을 수 있어! 그 사람이 이 일을 맡으면 잘 진행할 거야. 이 일이라면 바로 그 사람이지!' 라는 말이 생각나는 사람이 있을 것이다. 그가 집단에서 어떤 위치에 있건 상관 없다. 많은 사람들의 머리에 떠오르는 그 사람이 바로 별 중에 별이다.

당신은 그런 별 중에 별이 되고 싶지 않은가? 어차피 같은 별이라면 더욱 빛나는 별이 되고 싶다는 갈망은 사람을 더욱 성장하게 한다.

돌진하라 그리고 자신이 원하는 것을 가져라

　오바마는 '거침없는 돌진' 이라는 말이 잘 어울릴 정도로 주변 어떤 것에도 흔들리지 않고 자신이 가고자 하는 길을 향해 앞으로 앞으로 나아가고 있다. 누가 뭐라고 해도 상관하지 않는다. 그저 자신의 길을 열심히 갈 따름이다.

　오바마는 다른 후보에 대해 이런저런 말을 하지 않는다. 강력한 경쟁자인 힐러리에게 모든 상황이 민주당 후보 경선에서 중도 하차하게끔 압박할 때도 오바마는 힐러리에게 민주당 전당대회까지 함께 가자고 했다.

　자신이 가야 할 곳이 어딘지를 알고 가는 사람은 주변 상황에 관심을 두지 않는다. 아니, 오히려 외면한다고 하는 표현이 차라리 어울린다. 전력 질주를 하다가 주변을 신경 쓰다 보면 달리기를 멈추어야 할 때가 있기 때문이다. 멈추었다가 달리려면 속도를 내기까지 다시 엄청난 시간과 에너지가 필요하다. 주변에 너무 신경을 쓰다 보면 정작 자신이 해야 할 일에 필요한 에너지를 다른 곳에 빼앗기기 쉽다.

　물론 살아가면서 주변을 돌아보지 않을 수는 없다. 주변이 있기에 내가 있기 때문이다. 그러나 한 가지 정말로 중요한 일을 시작했을 때는 그 일에 집중하는 것이 좋다. 오바마가 대통령이 되려고 하는 것처럼 일생일대에 중요한 일이라면 더욱 더 집중해서 돌진을 하지 않으면 안 된다. 그렇지 않으면 많은 반대 세력들이 방해할 수 있고, 그 방해에 휘말릴 수 있다.

대통령으로서 가능성을 가늠하는 시기여서 누구도 장담할 수 없는 상태이지만, 이미 오바마는 다른 후보들과 함께 백악관을 향해 질주를 시작했다. 자신이 원하든, 원하지 않든, 가능하다고 생각하든, 하지 않든, 그 질주를 끝까지 해야 한다. 이미 오바마의 질주는 한 개인이 아닌 오바마를 지지하는 많은 미국민들의 질주가 되었기 때문이다.

오바마는 결코 뒤돌아보지 않는다. 이미 시작된 마라톤에서 다른 주자들과 함께 앞서거니 뒤서거니 하면서 승리의 테이프가 기다리고 있는 백악관을 향하여 거침없이 돌진하고 있다. 민주당의 또 다른 경선 후보인 힐러리를 앞설 경우 그는 민주당을 대표하는 후보로서 대통령 선거에 나가 공화당의 매케인과 일전을 벌이게 된다. 그때는 지금보다 더욱 더 강력한 돌진이 필요할 것이다.

오바마의 질주는 눈에 보이고 귀에 들릴 만큼 엄청난 굉음을 울리면서 진행되고 있다. 그가 거침없이 돌진하고 있는 모습을 잠시 살펴보자.

오바마가 모습을 드러내는 선거 유세장에는 항상 수많은 지지자들이 몰려와서 열광적으로 환호한다. 연설대와 유세장 곳곳에는 "Change we can believe in." 이라고 쓴 현수막이 언제나 걸리고, 지지자들은 오바마가 연설을 할 때마다 "Yes, we can!"을 외치면서 화답한다.

2008년 2월 5일 미국의 24개 주에서 슈퍼 화요일 경선이 실시되었는데, 오바마는 힐러리보다 대의원 수를 많이 얻지 못했다. 그러나 그 후부터는 오바마가 계속 승리하면서 그야말로 무서운 돌풍을 일으키고 있다. 그 결과 3월 4일에 실시된 미니 슈퍼 화요일이 있기 전까지 오바마는 힐러리보다 백여 명의 대의원 수를 더 많이 확보했다.

그런데 미니 슈퍼 화요일이 되자 힐러리가 네 곳에서 있었던 경선 중 세 곳에서 승리를 거두었다. 그것은 오바마의 패배를 뜻하는 것이기도 했다. 힐러리는 "이번 승리는 쓰러져도 절대로 포기하지 않고 다시 일어나는 미국인의 것입니다."라고 하면서 이전에 자신이 오바마에게 패배한 것을 만회할 수 있다는 강한 자신감을 드러냈다. 패배한 오바마 역시 기가 죽지 않았다. "어떤 일이 있었든 상황은 바뀐 것이 없습니다."라고 하면서 자신이 승리할 것을 확신했다. 그리고 지나간 것은 뒤로하고 다음 경선을 위해 담대히 돌진했다.

민주당 전당 대회에서 승패가 확정될 것이다. 그때까지 수많은 국민들이 오바마를 지지하고 있고, 미국뿐 아니라 온 세계가 오바마가 백악관으로 질주하는 것을 예의주시하고 있다. 그만큼 오바마는 거부할 수 없는 검은 돌풍을 일으키면서 힘찬 돌진을 거듭하고 있다.

오바마는 무턱대고 달리지 않는다. 그는 자신이 왜, 어떻게, 무엇을 위해 돌진하고 있는지를 알고 있다. 또한 그 길 끝에는 영광의 상이 기다리고 있음을 안다. 그 영예를 눈앞에 그리지 않는 사람은 결코 전력 질주를 하지 못할 것이다.

당신은 지금 어디를 향해서 가고 있는가? 왜 그곳으로 향하고 있으며, 그 끝에는 무엇이 기다리고 있는가? 정말 그 길로 가야 할 필요가 있다면 좌우를 살피지 말아라. 마지막 상급만을 생각하고, 이미 그 상급을 손에 쥔 것과 같은 기쁨을 누려라. 그렇게만 해도 그 어떤 것에도 방해받지 않고 전력을 다해 거침없이 돌진할 수 있을 것이다. 그리고 원하는 것을 손에 잡을 수 있을 것이다.

정확한 배팅이 성공을 좌우한다

요즘 주식 시장이 예측하기 힘든 크고 작은 파도를 치는 가운데 투자자들의 희비가 엄청나게 엇갈리고 있다. 코스피 지수가 2000을 넘어서자 모두가 환호성을 지르며 주식 투자에 몰려들었지만, 얼마 되지 않아 짧은 기간에 낭떠러지로 추락하듯 1500선까지 떨어지는 때도 있었다. 그 충격에 많은 사람들이 가슴을 쓸어 내리면서 지수가 조금만 올라가면 예전처럼 회복되리라는 희망을 갖다가도, 언제 큰 파도에서 내동댕이쳐질지 몰라

아슬아슬해 하고 있다.

이럴 때 어디에 배팅을 하느냐에 따라서 희비가 엇갈린다. 배팅을 한 주식이 오를 때는 기뻐하다가 내릴 때는 가슴이 철렁 내려앉는 것이 일반인들에게 나타나는 현상이다. 정확하게 수익을 볼 수 있는 주식에 배팅을 하면 성공하겠지만, 문제는 어느 주식이 오를 것인지를 아무도 모른다는 것이다.

지금 세계 각 국가들은 미국의 선거전을 바라보면서 누구에게 배팅을 해야 좋을지 고민하고 있다. 자국의 이익과 상당한 관련이 있기 때문이다. 과연 누가 미국 대통령이 될 것인가? 공화당 후보인 매케인이 될 것인가? 민주당 경선에서는 힐러리와 오바마 중 누가 승리할 것이며, 그는 과연 대통령 선거에서 매케인을 이길 수 있을까?

공화당에서는 매케인이 오바마를 이길 수 있다고 생각하는지 오바마가 민주당 대표 후보가 되기를 기대하고 있다. 그러나 민주당에서는 오바마가 민주당 후보가 되는 것이 매케인을 이길 확률이 높다고 점치고 있다. 막상막하의 대결을 하고 있는 힐러리와 오바마는 서로 자신이 민주당 대표 후보가 되어 대통령 선거에 나가리라 확신하고 각자 할 수 있는 데까지 가보겠다며 전력을 다하고 있다.

특히 이번 미국 대통령 선거는 미국 최초로 흑인 대통령이 될 가능성이 있는 오바마가 등장함으로써 세계의 관심이 집중되고 있다. 또한 각국마다 후보와의 관계에 따라 지지율이 이전 선거와는 달리 선명하게 갈리고 있다.

오바마는 아프리카와 중동 지역에서 인기가 높은 편이고, 힐러리는 중국과 멕시코에서 인기가 있다고 한다. 자신이 선호하는 후보가 대통령이 되기를 원하는 것은 당연하다.

특히 힐러리가 중국과 멕시코에서 인기 있는 것은 그녀가 그들 나라에 이익이 되는 자유무역정책을 대선 공약에 포함을 시켰기 때문이다. 오바마가 중동에서 인기가 있는 것은 오바마의 아버지가 무슬림이었고, 오바마의 이름이 중동에서는 매우 흔한 '후세인'이기 때문이다. 인도네시아는 오바마가 어린 시절을 수년간 보낸 곳이므로 은근히 오바마가 대통령이 되기를 바란다.

모든 후보 가운데서 세계 각국의 관심을 받고 있는 것은 오바마이다. 아직 미국에서 흑인 대통령이 당선된 적이 없기 때문에 흑인이 대통령이 될 경우에 오게 될 변화를 전 세계가 기대 반, 걱정 반으로 지켜보고 있다.

그러면 전 세계인이 미국 대선에 투표를 하게 된다면 어떤 결과가 나올까? 세계는 각종 이해관계로 얽혀 있기 때문에 대통령 후보의 공약과 자국의 손익을 따지지 않을 수 없을 것이다. 만약에 오바마가 대통령이 될 경우 우리나라는 미국과의 관계에 어떤 변화가 올까? 한국은 누구에게 표를 던질까? 분명한 것은 오바마가 미국 대통령이 된다면 다른 후보들이 대통령이 되었을 때보다 미국뿐 아니라 전 세계적으로 큰 변화가 일어날 것이라는 점이다. 오바마는 그 변화의 봉화대에 불을 붙이게 될지도 모른다.

당신은 삶 속에서 어디에 배팅을 하는가? 정말 중요한 것에 배팅을 하는가? 아니면 우연히 또는 많은 사람들이 배팅을 하기 때문에 덩달아 배팅을 하는가? 배팅도 해야 할 곳과 하지 말아야 할 곳이 있으며, 할 때가 있는가 하면 하지 말고 기다려야 할 때가 있다. 그것을 정확히 파악하여 실천하는 사람이 바로 성공하는 사람이다. 오바마처럼 자신만의 길을 열심히 갈 때 자신이 배팅해야 할 것이 무엇인지 알게 될 것이다. 그러나 다른 사람을 따라 배팅한다면 다른 사람의 성공에 도움을 줄 뿐, 자신의 성공은 거두지 못하는 2류 인생에 머무르고 말 것이다.

★ 기회는 당신의 눈에 띄고 싶어 살며시 다가왔다가 당신이 눈길을 주지 않으면 살며시 사라진다.

★ 준비하라. 그리고 기회가 오는지 눈을 크게 뜨고 바라보라. 그러면 기회는 급속히 당신의 품에 안기게 될 것이다.

★ 별이 되려면 강력한 빛을 발하는 별이 되라. 뭇 별들은 찬란한 하나의 별을 위한 뒷배경이 될 따름이다.

★ 승리의 트로피를 가슴에 안는 환희를 상상하며 돌진하라. 당신의 트로피도 당신을 향해 달려올 것이다.

뒤돌아보지 말라
이미 주사위는 던져졌다

오바마는
자신이 꼭 해결해야만 했던
문제를 해결함으로써
그 문제에서 자유로워졌다.
도리어 그 문제를 해결하는 과정에서
문제에 대처하는 능력을 길렀고,
사람들에게 찬사와 신뢰를 얻게 되었다.
문제가 도리어 더 큰 도약의 기회가 된 것이다.
오바마에게 꿈에 대한 확신이 없다면
그는 신변의 두려움으로 쓰러질지도 모른다.
그러나 꿈에 대한 의지로 모든 두려움을 불사르고
백악관을 향해 돌진하고 있다.

높이 오를수록 저항은 강해진다

독수리는 하늘에서 더욱 넓은 땅을 보기 위해 높이 날아오른다. 더 넓은 땅을 볼수록 더 훌륭한 먹이를 많이 선택할 가능성이 높아지는 까닭이다. 그러나 높이 올라갈수록 더 많은 힘이 든다. 그만큼 공기의 저항이 커지기 때문이다. 공기의 저항을 이기려면 더 빨리 더 힘차게 날아야 한다. 독수리가 고공에서 이겨야 하는 장벽은 바로 공기의 저항이다. 그러나 독수리가 극복해야 할 공기가 없다면 어떻게 될까? 독수리는 날지도 못할 뿐 아니라 살아가지도 못할 것이다.

높이 나는 독수리는 위협감을 준다. 독수리가 많을 것을 보게 될 것이므로 동물들은 자신을 숨기거나 독수리를 물리칠 준비를 해야 한다. 오바마가 정치계에 막 입문한 상원의원이었을 때는 그에게 위협감이나 경쟁심을 느끼는 사람이 많지 않았다. 그러나 그가 정치계에서 두각을 드러내고 급기야 대통령이 될 가능성까지 점쳐지는 시점에 이르자 사정이 달라졌다. 고공을 나는 독수리처럼 그가 감당해야 할 저항이 점점 강해지기 시작했다.

오바마는 대통령이 되기까지 강한 저항의 벽을 뚫어야 할 것이다. 넘어야 할 산 또한 많을 것이다. 이미 저항이 점점 더 강해지고 있다는 것은 높은 곳으로 날아오르고 있다는 증거이다.

오바마가 대통령이 되려면 먼저 퍼스트레이디와 연방 상원의원을 지낸 강력한 상대 힐러리를 이겨야 한다. 오바마가 힐러리보다 민주당 대표 후보가 되기 위한 대의원 수를 더 많이 확보하고 있기는 하지만, 결론은 두고 볼 일이다.

오바마가 힐러리를 이기고 민주당 대통령 후보가 된다고 하더라도 그는 대통령 선거에서 공화당 후보 매케인과 한 차례 접전을 벌여야 한다. 정치적 이력이 화려하고 연륜이 있는 매케인과 오바마가 경쟁을 하는 것은 그 누가 보아도 골리앗과 다윗의 싸움처럼 느껴질 것이다. 오바마에게는 매케인이 그만큼 엄청난 경쟁자이며, 넘어야 할 큰 산이다.

그러나 오바마의 경쟁자 측에서 보면 오바마가 그들이 넘어야 할 산이 된다. 그들은 오바마라는 산을 무너뜨리기 위해 그 어떤 노력도 마다하지 않고 있다.

힐러리 측은 오바마가 2006년도에 아버지의 고향인 아프리카 케냐를 방문했을 때 무슬림의 옷을 입고 찍은 사진을 문제로 삼았다. 사진 속 오바마는 머리에 흰색 터번을 쓰고, 무슬림의 전통 복장을 하고 있다. 오바마 측은 발끈했다. 그것은 힐러리 측의 네거티브 캠페인으로 오바마를 이슬람의 테러리스트와 연상시키려는 것이라고 강하게 비난했다.

오바마는 그 사진에 대해 해명해야만 했다. 그는 문제의 사진이 케냐의 와지르 지방을 여행했을 때 그곳의 전통 복장을 입고 찍은 것일 뿐이라고 했다. 오바마는 그 기회에 아예 자신이 기독교인임을 분명하게 밝혔고, 자신이 무슬림 종교를 가지지도 않았고, 믿은 적도 없다고 명백하게 말했다.

오바마는 자신이 기독교인이고, 무슬림 종교를 가진 적이 없다고 말하지만, 오바마의 중간 이름이 무슬림이었던 친할아버지의 이름을 딴 '후세인'이라는 점과 오바마라는 이름이 미국대사관 폭탄테러와 9.11 미국대폭발테러 등의 배후자로 지목된 '오사마 빈 라덴'의 오사마와 같다는 것 때문에 이슬람교와 연루되는 루머가 끊이지 않고 있다. 이것이 대선 행보에 긍정적으로 작용할 리는 없다.

이미 언급한 바와 같이 오바마가 미국 역사상 최초의 흑인 대통령이 될 경우 백인들에 의해서 암살될 것이라는 도로시 레싱의 예언은 또다시 사람들을 들썩거리게 했다. 그것은 오바마의 인종을 대선에 더욱 부각시키는 것이기 때문에 오바마의 이미지에 별로 좋은 작용을 하지는 않는다.

이렇게 불거져 나오는 오바마에 대한 네거티브 공격은 어쩌면 당연한 것인지도 모른다. 쟁쟁한 거목들이 자리잡고 있는 정치계에서 어차피 오바마는 아직은 제대로 검증되지 않은 존재라 할 수 있다. 그러한 오바마가 미국을 이끌 큰 거인이 되려고 하니 그의 모든 것이 짧은 시간 내에 급속도로 불거져 나올 수밖에 없을 것이다. 그러나 그것을 어떻게 대처하느냐에 따라 오바마의 행보도 결정될 것이다.

오바마의 사정은, 차분하게 단계별로 오랜 시간을 거쳐 활동하고 있는 정치계의 거목들과는 많이 다르다. 그들보다 젊은 만큼 정치계의 연륜도 길지 않기 때문에 오바마는 최고 중심에 있는 꼭대기로 올라가기 위해 그야말로 급속도를 내야 했다. 그렇기에 저항도 그만큼 강하게 느껴졌을 것이다. 그러나 오바마는 대통령이 되는 꿈을 이루기 위해 더욱 큰 힘으로 거센 저항을 이겨 나가고 있다.

어떤 일에서 어느 정도 수준까지 올라가는 것은 그리 어렵지 않다. 열심히 노력하면 누구나 어느 정도까지는 올라갈 수 있다. 그러나 최고가 되는 것은 또 다른 문제이다. 최고의 자리에는 가장 큰 저항이 있기 때문이다.

자신이 원하는 자리에 서기 위해서는 저항이 존재한다는 사실을 인식하는 것이 중요하다. 그리고 저항을 크게 느낄수록 자신이 높은 곳으로 향하고 있다는 것을 깨닫고 즐겨야 한다. 도중에 생기는 모든 문제들을 딛고 나갈 때 드디어 어떠한 저항에도 영향을 받지 않는 최고가 될 수 있다. 엄청난 저항이 있는 지구의 대기권을 벗어난 우주에서는 아무런 저항을 느낄 수 없는 것처럼 말이다.

문제를 차라리 도약의 계기로 삼아라

이 세상에서 문제가 없는 곳이 있다면, 그래서 문제를 풀

필요가 없는 곳이 있다면 그곳은 바로 무덤 속일 것이다. 사람의 삶은 문제를 푸는 과정이라고 생각한다. 문제가 없는 삶은 없기 때문에 문제가 생기는 것은 극히 자연스러운 현상이다. 문제를 통해서 우리는 성장한다.

초등학교만 들어가도 계속해서 이런저런 문제를 푼다. 어린 학생들도 앞 단계의 문제를 풀어야 다음 과정으로 무사히 진입을 한다. 풀어야 할 문제를 제대로 풀지 못할 때는 다시 공부해서 문제를 해결한다. 다음 단계로 넘어간다는 것은 그 다음 문제를 풀 준비가 되어 있고, 그만큼 훈련이 되었다는 것을 의미한다. 문제를 풀면서 성장하게 된 것이다.

문제라는 것은 넘어야 할 장벽이나 방해 요소로만 생각하는 사람에게는 정말로 해로운 것이 된다. 그러나 성숙을 위한 과정으로 생각하는 사람은 직면한 문제를 풀 수 있을 뿐 아니라 문제를 풀면서 다음 문제를 해결할 수 있는 능력이 생긴다.

자신 앞에 있는 문제를 두려워하지 말라. 그리고 거기에 저항하지 말라. 차라리 그것을 풀라. 그 문제 보따리 속에 정말로 갖고 싶은 것이 들어있을 것이다. 대선을 향해 가는 오바마에게 아무런 문제가 없을 수 없다. 그러나 오바마는 자신에게 닥친 문제를 차라리 더욱 더 도약을 하는 계기로 삼았다.

오바마와 힐러리의 경쟁은 흑백남녀의 대결이다. 그 중 흑백의 인종 문제는 암암리에 대선 저변에 자리잡고 있었을 뿐 공공연하게 대두되지는 않았다. 오바마도 언젠가는 인종 문제가 전면에 나올 수 있다고 예상은 하고 있었을 것이다. 그리고 그 예상은 틀리지 않고 라이트 목사의 동영상 사건이 터짐으로써 드디어 미국 대선의 이슈로 급부상하기에 이르렀다.

공화당 선거 전략가들은 오바마의 종교적 스승이라고 할 수 있는 라이트 목사의 '갓 댐 아메리카(빌어먹을 미국)'라는 제목의 동영상을 공개했다. 경선 열기를 더해가는 시점에서 그 동영상을 공개한 것은 민주당의 후보 대권주자로 강력한 돌풍을 일으키고 있는 오바마에 대한 네거티브의 일종이라 할 수 있다. 그 파문으로 오바마는 어려움에 처하지 않을 수 없었고, 어떻게든 그 문제를 해결해야 했다.

오바마에게 그런 문제가 다가왔다는 것은 오바마의 정치적 입지가 엄청나게 굳건해졌다는 것을 의미한다. 다시 말해 공화당 대권주자인 매케인이 이런 문제를 화제로 삼을 정도로 오바마에게 위협을 느꼈다는 말이다. 오바마가 정치계의 거목이라 할 수 있는 매케인에게 위협과 경쟁의 대상이 될 정도로 성장했다는 뜻이기도 하다.

시카고에 있는 흑인 교회인 트리니티유나이티드 교회의 라이트 목사는 오바마의 결혼식 주례를 하고, 그의 두 딸에게 세례를 준 사람이다. 그런데 그가 설교 중에 미국민이라면 누구나 받아들이기 거북한 '갓 댐 아메리카'라고 한 과격한 발언 내용이 텔레비전 화면을 통해 그대로 방송되고, 신문에 소개되었다. 그 결과 엄청난 비난이 쏟아지며 확산되었다. 아울러 인종 문제가 대선에서 전면에 모습을 드러내게 되었다.

우리는 문제를 외면하지 말아야 한다. 문제 앞에 설 때의 두려움과 자신감 부족으로 꼭 풀어야 할 문제를 외면한 경험이 누구나 한 번쯤은 있을 것이다. 그러나 그 문제는 어디에서건 결국 터지고 만다. 인종 문제는 분명 오바마가 한 번은 짚고 넘어가야 할 것이었는데, 그가 가만히 덮어두고 있자 결국에는 다른 경로를 통해 터지고 말았다.

이제 인종 문제를 오바마가 어떻게 받아들이고 처리하느냐에 따라서 승패가 달라지는 갈림길에 이르게 되었다. 사실 인종 문제를 거론하는 것은 미국 사회에서는 금기시되어 있다. 아주 까다로운 문제이고, 아직 인종 문제가 미국 내부에 깊숙이 자리잡고 있기 때문에 자칫 잘못하여 논쟁에 휘말렸다가는 정치적 생명에 위협을 받을 수도 있기 때문이다.

그러나 인종 문제가 이미 불거져나와 버렸고, 어떻게든 풀지 않을 수 없는 상황이 되었다. 오바마는 이에 대해 어떤 반응이든 보이지 않으면 안 되는 상황이 되었다. 그 문제가 불거진 것이 오바마에게는 사실 치명타이므로, 사람들은 이로써 오바마의 정치 생명이 끝나는 것은 아닌가 우려하는 말을 하면서 오바마의 반응을 조심스럽게 지켜보았다.

오바마는 그동안 특히 미국민들에게 인종을 뛰어 넘는 통합을 이루고 분열과 다툼을 없애고 화해해야 한다는 메시지를 전했는데, 라이트 목사의 그 동영상 설교는 오바마의 이미지를 크게 손상할 수 있는 내용이기 때문에 큰 파문이 아닐 수 없었다. 오바마는 그 문제를 두고 오랫동안 고민할 시간이 없었다. 급하게 그 문제를 해결하지 않으면 그의 이미지는 완전히 땅에 떨어져버리고, 대선은커녕 정치적 행보에도 큰 타격을 입을 것이 분명했기 때문이다.

지금까지 오바마는 자신 앞에 있는 모든 문제를 뚫고 대선이라는 고지에 이르렀다. 백악관 바로 문 앞까지 돌진한 오바마가 그대로 상대편의 공격에 물러설 수는 없다. 문제를 풀어야 했다. 문제를 풀되 그 문제로 더욱 도약할 수 있는 방법을 찾아 오바마는 고민했다. 밤이 새도록 잠을 자지 않고 문제를 풀기 위해 연설을 준비했다.

오바마는 라이트 목사의 동영상 설교 파문이 있은 지 얼마 지나지 않아서 텔레비전을 통해 생중계되는 가운데 밤새도록 심혈을 기울여 준비한 연설을 했다. 그는 필라델피아에 있는 내셔널 헌법센터에서 8개의 성조기를 배경으로 한 채 겸허하고 담담하지만 당당한 모습으로 국민들 앞에 섰다. 원고 없이 자유롭게 열변을 토하던 여느 유세 때와는 달리 정성껏 쓴 원고를 들고 수많은 지지자들 앞에 섰다. 그리고 장장 37분간에 걸쳐 열정적인 연설을 토해냈다.

　오바마는 의도적으로 선거 유세 때와는 달리 환호성이 울리고 박수를 치고 구호를 외치는 연설을 하지 않았다. 그 대신 차분하고 엄숙한 표정을 지으면서 진정으로 사회 정의를 위해 자신을 바친 젊은 지도자의 모습을 보여주었다. 그는 현재 자신이 연설하고 있는 필라델피아에서 1776년 7월 4일에 서명된 독립선언문이 아직 미완성으로 남아 있고, 그 독립선언문은 미국의 원죄를 만든 노예제도로 더럽혀져 있다는 이야기로 말문을 열었다. 아직 흑인 문제가 해결되지 않았고, 해결해야 할 문제임을 전달하려는 것이었다.

　오바마는 라이트 목사가 한 선동적인 발언에 대해서는 나라에 분열을 조장하는 요소가 될 수 있는 잘못된 것임을 시인하고, 그런 말을 한 라이트 목사가 비난받아 마땅하다고 했다. 그러나 그런 라이트 목사지만 의절할 수는 없다고 말했다. 왜냐하면 그는 자신을 기독교 신앙으로 인도한 사람이고, 자녀들에게 세례를 준 목사이기 때문이라고 했다. 이는 자신의 백인 할머니가 어떤 분이건 간에 의절할 수가 없는 것과 마찬가지라고 했다.

　오바마는 인종 문제는 미국이 외면할 수도 없고, 해서도 안 되는 것이라고 단언하면서 미국은 인종을 초월한 사회를 만들기 위해 지금까지의 인종 문제를 재인식하고 풀어나가야 한다고 역설했다. 또한 흑인과 백인에게 인종 문제를 어떻게 대처해야 하는지를 말했다. 백인들에게는 흑인들이 동네 이발소나 식탁에서 드러내곤 하는 분노와 좌절을 읽어야 한다고 했으며, 흑인들에게는 백인들이 그들이 저지르지도 않은 불의를 뒤집어씀으로써 흑인들이 학교와 직장에서 더 많은 혜택을 받는 것에 대해 분개하고 있다는 것을 이해해야 한다고 말했다.

오바마는 자신의 대선 메시지인 변화와 희망을 다시 한 번 확실하게 전했고, 희망을 갖고 함께 노력하자고 결론지었다. 오바마의 연설은 또 다시 사람들에게 감동적으로 다가갔다. 그 연설은 어느 누가 들어도 설득이 될 만한 내용이었다. 그리고 그는 절제된 언어로 아주 논리 정연하게 자신의 생각을 피력했다. 그 연설에 대해서 정치계나 매스컴의 모든 전문가들은 역사에 남을 만한 최고의 연설이라고 찬사했다.

처음 라이트 목사의 동영상 사건이 터졌을 때 오바마의 전국 지지율은 급격히 감소해서 힐러리 뒤로 물러나기도 했다. 그러나 오바마의 대응 연설이 있은 후 다시 오바마의 지지율은 상승하여 힐러리를 앞섰다. 오바마는 자신이 꼭 해결해야만 했던 문제를 해결함으로써 그 문제에서 어느 정도 자유로워졌다. 도리어 그 문제를 해결하는 과정에서 문제에 대처하는 능력을 길렀고, 사람들에게 찬사와 신뢰를 얻게 되었다. 문제가 도리어 더 큰 도약의 기회가 된 것이다.

당신은 어떤 문제를 갖고 있는가? 물론 당신은 그 문제를 풀지

않았기 때문에 더 나아가지 못하고 있다.

이제 문제에 대한 한탄을 그치자. 문제를 없는 듯 외면하지 말자. 문제를 끄집어 내어서 곰곰이 생각하라. '그 문제는 왜 생겼는가? 그 문제가 주는 의미는 무엇인가? 문제가 해결된다면 어떤 변화가 있을까?' 이러한 것들을 생각하면 문제를 어떻게 풀어야 하는지 알 수 있을 것이다.

육체는 사라져도 정신은 영원하다

우리의 육신은 한 시대를 살다가 사라지면 그만이지만, 우리가 살면서 남긴 정신은 후손들을 통해서 살아있게 된다. 정신은 대개 언어를 통해서 사람들의 마음에 심어져서 영향을 준다. 그러므로 정신은 영원히 살아있다고 해도 지나친 말이 아니다.

수많은 철학자들이 생을 마쳤지만, 그들이 남긴 사상은 글이라는 매체를 통해 시대와 공간을 뛰어넘어 오늘날 우리들에게까지 영향을 미치고 있다. 또 수많은 음악가들은 이미 죽었지만, 그들의 정신 세계는 음악을 통해서 우리에게 전해지고 있다.

당대에 엄청난 영향력을 끼치던 인물들이 그들의 사상이나 정신에 반대하는 사람들에 의해 암살당하는 일이 종종 있었다. 그러나 그들의 정신은 더욱 더 끈질기게 이 세상에 남아 계속해서 전해지고 있다. 그들의 정신이 그 시대에 획기적인 영향력을 발했을수록 그러했다.

　이러한 전례를 피할 수 없다는 듯이 오바마가 당선되면 암살될 것이라는 예측이 심심찮게 화젯거리로 떠오르고 있다. 그만큼 230년 미국 역사에서 인종 차별로 생긴 어두움이 미국 전반에 자리잡고 있기 때문일 것이다.

　공공연히 떠오르는 오바마의 암살 가능성에 불을 지른 사람은 노벨 문학상을 수상한 영국의 도리스 레싱이다. 레싱은 오바마가 미국 최초의 흑인 대통령이 되면 살해될 것이라고 예언했다. 나아가 그렇기 때문에 오바마가 대통령이 되지 않고, 힐러리가 대통령이 되는 것이 더 나을 것이라고 언급했다.

　이런 불길한 도리스 레싱의 예언을 접한 많은 사람들 중에는 오바마가 암살되는 것보다 대통령이 되지 않는 것이 나을 것이므로 차라리 오바마를 찍지 않는 것이 낫겠다고 하는 경우가 속출했다. 미국 사회가 오바마의 암살이 현실성 없는 이야기가 아니라고 생각하는 이유는 흑인 지도자인 마틴 루터 킹 목사가 암살되었고, 오바마와 같이 젊은 나이에 엄청난 인기를 얻으면서 대통령이 되었던 존 F. 케네디도 암살되었기 때문이다. 뿐만 아니다. 링컨 대통령도 암살되지 않았는가.

　미국의 역사가 그러했기에, 오바마가 미국 대통령이 된다면 그도 무사할 수가 있겠느냐고 우려하는 목소리가 나오는 것은 있을 수 있는 일이다. 킹 목사나 케네디 대통령이나 링컨 대통령처럼 오바마도 변화에 대한 비전을 대선 메시지로 던지고 있기에 더욱 그러하다.

게다가 기독교인인 오바마를 무슬림이라고 주장하는 사람이 있고, 미국에 흑인 대통령이 나오는 것을 반대하는 사람들이 아직도 많이 있으며, 오바마가 주장하는 변화에 대해 반감을 가지는 측도 있기 때문에 그러한 가능성도 예측하지 않을 수는 없다.

오바마는 경선이 시작되고 얼마 되지 않아서 다른 후보들 가운데 가장 먼저 비밀검찰국의 경호를 받았으며, 도리스 레싱의 오바마 암살 예언 후에 더욱 강화된 경호를 받고 있다. 그가 민주당 후보가 되면 더욱 경호를 강화할 예정이다.

이러한 가운데서도 여론은 오바마가 대통령이 될 것이라는 기대가 암살 예측보다 더 우세하다. 오바마의 아내 미셸도 남편의 암살 위험이 두렵지만, 더 중요한 것이 있기에 끝까지 대선에 최선을 다하리라는 의지를 굳혔다. 오바마 역시 그 어떤 위협에도 굴하지 않고, 자신의 길을 충실하게 갈 것이라는 뜻을 표명했다.

오바마에게 꿈에 대한 확신이 없다면 그는 신변의 두려움으로 쓰러질지도 모른다. 그러나 꿈에 대한 의지로 모든 두려움을 불사르고 백악관을 향해 돌진하고 있다.

앞으로 일어날 일은 아무도 알 수 없다. 그가 대통령이 되면 예언한 것과 같이 암살될 수도 있고 그렇지 않을 수도 있다. 그러나 어떤 일이 일어난다고 해도 그가 이미 미국에 변화를 위해 불어넣은 정신은 오래도록 남아있을 것이다. 케네디 대통령도 킹 목사도 암살당했지만, 그들의 정신이 지금까지 살아있는 것처럼 말이다.

필자는 이 세상에 흔적을 남기기 위해 글을 쓰고 말을 한다. 글과 말 속에 담긴 정신은 다른 사람의 삶에 지대한 영향을 주고, 그가 살아있는 한 사라지지 않는다. 그리고 또 다른 사람에게 이런저런 모습으로 전해진다. 나라는 육체는 사라지지만, 실상은 영원히 사라지지 않는 것이다. 그러므로 사람은 자신이 죽으면 무엇을 남길지 생각해야 한다.

세계는 이제 하나가 되어 함께 흘러간다

예전에는 세계가 감히 상상할 수 없을 만큼 크게 여겨졌는데, 이제 통신기술과 교통수단의 발달로 세계는 점점 작아진 듯하다. 정보 공유와 공간 이동 속도가 그만큼 빨라져서 체감 거리가 좁아졌기 때문이다.

그와 맞물려 다른 지역이나 나라로 가는 일이 빈번해지고, 그리하여 많은 사람들이 각 나라에 섞이게 되었다. 이민과 유학이 그 좋은 예라고 할 수 있다.

이제 점점 너와 나를 구분하기 힘들 정도로 세계는 하나가 되어가고 있고, 세계화라는 말이 생소하게 여겨지지 않는다. 오바

마의 가계를 살펴보면 세계는 모두 하나로 얽혀 있다는 느낌이 강하게 든다. 오바마의 복잡한 가계는 그가 세간의 관심을 강하게 끌기 시작하면서 관심사로 대두하기 시작했다.

오바마의 아버지는 케냐에서 흑인 여성과 결혼하여 두 자녀가 있는 상태에서 하와이에 유학을 갔고, 오바마의 어머니를 만나 결혼했다. 그리고 다시 케냐로 돌아가서 미국 백인 여성과 결혼하여 자녀를 낳았다. 오바마의 아버지는 46세에 사망하기 전까지 네 명의 여성과 결혼했고, 그 사이에서 8명의 자녀를 낳았다.

오바마의 이복 동생인 마크는 아버지의 또 다른 부인인 백인 여성 루스와의 사이에서 난 아들이다. 루스는 오바마의 아버지가 학위를 받기 위해서 오바마 모자와 살던 하와이를 떠나 하버드 대학교에 갔을 때 만난 여성이다.

마크는 스탠포드 대학교에서 물리학을 전공하였으며, 현재 중국에서 거주하는 상태이고, 중국 여성과 약혼했다. 이로써 오바마의 가계에는 백인, 흑인, 인도네시아인에 이어서 중국인의 피가 섞이게 되었다.

아우마는 오바마 아버지의 첫 번째 부인인 흑인 여성과의 사이에서 난 이복 여동생이다. 아우마는 영국 남성과의 사이에서 딸을 낳았고, 그녀의 외삼촌은 러시아인과 결혼했다. 아우마는 독일 하이델베르그와 바이로이트에서 살았는데, 그곳에서 그리 행복한 삶을 살지는 않았지만 자신이 시작한 공부를 성공적으로

마쳤다.

1990년대 초에 무일푼으로 하이델베르그에 간 아우마는 독일의 학자 교환 프로그램인 DAAD 장학금을 받으면서 하이델베르그 대학교에서 언어학을 전공했다. 그리고 1996년에는 바이로이트 대학교에서 박사학위를 받았다. 박사학위를 받자마자 독일을 떠났던 그녀는 얼마 전까지만 해도 영국 런던과 케냐를 오가면서 살았다. 현재는 오바마의 선거 캠프에서 열정적으로 오바마를 돕고 있다.

오바마는 스스로 이미 자신의 복잡한 가계에 대해 언급한 바 있다. 그러나 이복 동생이 중국인과 결혼한다는 이야기로 복잡한 가계가 다시 논란이 되고 있다. 동생이 중국인과 결혼한다는 것은 오바마의 가계가 중국대륙에까지 연결된다는 것을 의미한다. 그뿐 아니라 그의 가족은 전 세계를 아우르며 혈맥으로 연결에 연결을 거듭하고 있다는 것을 뜻한다.

오바마의 경쟁자들은 이런 복잡한 가계 문제가 오바마의 지지율을 끌어내리는 하나의 계기가 되지 않을까 기대하면서 부각시키고 있다. 그러나 이런 사실에 대해 '중국에 있는 오바마의 동생'이라는 글을 쓴 칼럼니스트 로저 코헨은, 다양한 인종과 얽혀 있는 가계와 혼재해 있는 여러 종교가 바로 오바마로 하여금 글로벌 시대에 맞는 글로벌 지도자가 되는 자질을 만들어주었을 것이라고 하면서 복잡한 가계에 대해 긍정적인 표현을 했다. 현 시대는 글로벌 시대이기 때문에 자신의 것만을 고집하는 닫힌 마음은 시대적으로 뒤떨어진다는 발상에서이다.

물론 이런 문제에 대해서 경쟁자들은 공격 수위를 조금씩 높여 가고 있지만, 시대가 달라졌고, 미국민들의 의식도 변화가 되었기 때문에 오바마의 인종과 가계 문제가 차라리 그로 하여금 미국 대통령이 되게 하는 계기가 될지도 모른다. 오히려 글로벌 시대에 대륙을 연결하는 오바마의 인종과 가계는 세계를 연결하는 연결점이 되어서 세계를 하나로 연결하고 통합하는 데 큰 영향력을 발휘할 수도 있을 것이다.

사람들의 피가 서로 섞이게 된 결과 나라와 나라 간의 혼합과 연결은 이제 피할 수 없는 세상이 되었다. 그러므로 미국은 이제 미국만으로 존재할 수 없고, 각 나라들은 각 나라만으로 존재할 수 없는 글로벌 시대가 된 것이다. 특히 혼합된 오바마의 가계를 보면서 오바마야말로 이 시대가 필요해서 만들어낸 지도자가 아닌가 하는 생각이 들 정도이다. 그의 출신 배경과 가계 등은 어쩌면 서로 급속히 연결되어 가는 이 세계의 모형일 수도 있다는 생각이 들기 때문이다.

이런 오바마의 특이한 면이 대선에서 물러나게 하는 계기가 될 수는 없을 것이다. 물론 이런 문제가 불거져 나올 때마다 미국 국민들은 내면의 갈등을 겪을 것이다. 자신의 전통과 새로운 시대의 변화가 충돌을 겪을 것이기 때문이다.

그러나 세계는 하나라는 의식과 변화는 이제 거꾸로 되돌릴 수 없는 흐름이 되었다. 진정한 변화는 의식이 변하지 않고는 결코 이루어질 수 없다. 의식의 변화 앞에 저항할 수밖에 없는 것이 또한 인간이다. 변화에는 자신의 영역을 부수고 나가야 하는 힘이 필요하기 때문이다.

세계 앞에 문을 연다는 것, 그것은 두려운 일이다. 그 후의 상황을 모르기 때문이다. 그러나 가능성을 향한 도전이 없이는 아무것도 기대할 것이 없는 것 또한 사실이다.

긍정적인 이미지를 이끌어내는 네거티브 대응 방안 

2007년 우리나라에도 대통령 선거운동이 본격적으로 시작되면서 지지율이 높으면 높을수록 해당 후보에 대한 네거티브 전략이 만만치 않게 불거졌었다. 네거티브 전략을 펴는 쪽에서는 해당 후보의 이미지를 떨어뜨려 지지율을 하락시키고자 하는 것이 의도였다.

필자는 네거티브에 대응하는 이미지 전략을 해당 후보의 캠프에 제안할 기회가 있었다. 그것은 약점 공격 즉 해당 후보의 강점으로 대두되는 이미지에 상충되는 이미지를 알림으로써 지금까지의 인식에 갈등을 일으켜 지지도를 떨어뜨리는 전략에 대한 대응 방안으로, 일부를 소개하면 다음과 같다.

도시에서 가장 높은 건물을 세우는 방법은 두 가지가 있다. 첫 번째는 다른 건물을 모두 무너뜨리는 것이다. 그러면 가만히 있어도 자신의 건물이 가장 높아진다. 두 번째는 다른 건물을 가만히 두고 자신의 건물이 가장 높아지도록 올리는 것이다.

네거티브 캠페인은 전자의 경우로, 약점을 공격하는 편의 약함을 오히려 드러내는 행위이다. 다른 후보의 약점을 공격하는 것은 결국 스스로의 약함을 인정하기 때문이다.

네거티브 캠페인을 벌이는 쪽의 약함을 더욱 부각시켜 잘 활용하면 국민의 감성을 이끌어내는 데 도움이 될 수 있다. 그리고 상대방이 제시하는 네거티브로 나빠진 이미지가 역으로 더 상승될 수 있는 방법을 간구하는 것이 바람직하다. 이 두 가지 중 승자가 기본적으로 취할 바람직한 방법은 후자일 것이다.

후보가 열악한 환경 가운데서 꿈을 이룬 자신의 체험을 통해서 '우리 모두도 할 수 있다'는 미래에 대한 긍정적 마인드를 많은 강연과 연설로 충분히 심어주었다면, 지금까지 한 그 말과 맞물리도록 '우리는 과거와 현재를 지나 미래의 가능성을 향해 가고 있다'는 말로 밝고 긍정적인 미래를 눈앞에 더욱 강력하게 인식시킬 필요가 있다.

또한 과거를 말하는 자는 아직 과거 속에서 빠져 나오지 못하고 있지만, 미래를 말하는 자는 미래의 무한한 가능성의 문을 연다. 과거는 이미 지나간 한정된 것이고, 미래는 무한하다.'는 긍정적이고 진취적인 이미지를 강조할 필요가 있다.

네거티브에 대항해서 싸우면 싸울수록, 거론하면 할수록 이미지는 실추될 가능성이 있다. 그 대신 국민에게 강력한 꿈을 제시하는 것이 바람직하다. 긍정적 미래에 대한 강력한 비전으로 부정성을 뒤엎어야 한다.

예를 들면, 마틴 루터 킹의 "I have a dream(나에게는 꿈이 있습니다)!"이라는 연설이 있다. 그 연설은 내용이 짧지만 미래에 대한 꿈을 강력하게 제시함으로써 지도자의 꿈과 열정을 국민에게 전해준다. 비전에 대한 열정은 모든 불필요한 부정성을 사라지게 할 것이다.

꿈을 위한 시간

★ 강한 저항을 느끼는가? 기뻐하라. 당신이 그만큼 높이 날아오르고 있다는 증거이다.

★ 문제는 풀기 위한 것이다. 그리고 문제는 답이 있기 마련이다. 문제를 풀어 다음 단계로 올라가는 도약을 꾀하라.

★ 육체는 한 때를 살지만 정신은 영원히 산다. 당신은 어떤 정신으로 이 세상에서 영원히 살아가려고 하는가?

★ 꿈을 향해 첫 걸음을 내디뎠는가? 뒤돌아보지 말고 꿈을 등대 삼아 길을 떠나라. 등대의 불빛을 놓치면 배는 암초에 깨어져 버린다.

정확한 전략으로
성공의 핵심을 향해 파고들어라

풀뿌리는 연약해 보이지만
번식력이 대단해서 엄청난 속도로 뻗어나간다.
이러한 풀뿌리와 같은 존재가 일반 대중이며,
일반 대중으로부터 세상의 변화가 시작된다는 것을
오바마는 인식하고 있다.
또한 그 영향력도 알고 있다.
실제로도 풀뿌리 조직은
오바마를 지금의 강력한 대통령 후보 자리에까지 오르게 해주었으며
대선 행보에 가장 큰 영향력을 행사하고 있다.

작은 풀뿌리에서 승리의 꽃을 피워라

대개 작은 풀들의 뿌리는 연하지만, 뻗어나가지 않은 곳이 없을 정도로 어디에나 산재해 있다. 풀은 추운 겨울이 되면 땅속에 조용히 있다가 따뜻한 봄이 되면 여지 없이 땅을 뚫고 나와 푸르른 모습을 드러낸다. 찬란한 모습은 아니지만 세상은 온통 이름을 알 수 없는 풀들로 가득하다. 세상이 하나의 그림이라면 풀들은 배경 색을 이루는 가장 중요한 부분을 차지한다. 풀들의 배경이 없는 산과 들과 꽃과 나무는 조화를 이루지 못한다. 그만큼 세상 곳곳을 아름답게 하는 것이 바로 풀이다.

풀뿌리라는 말은 보통 사회 운동에 자주 사용한다. 풀뿌리 운동이라고 하면 민중의 저변에까지 깊숙이 전개되고, 민중의 구석구석까지 영향을 미치는 운동을 뜻한다. 또 정치적으로 사용하기도 하는데, 풀뿌리 민주주의라고 하면 기존의 중앙집권적이며 엘리트 위주의 정치를 떠나 평범한 시민들의 자발적인 참여를 유도하며 개인의 권력 추구보다 지역 사회와 구성원들의 실생활을 변화시키려고 하는 민주주의의 한 형태를 의미한다.

오바마는 정치계에 입문하기 전부터 풀뿌리 운동의 중요성을 체험했고, 실천하려고 노력해왔다. 그리고 대선에 도전할 계획을 하면서부터 풀뿌리 전략을 썼고, 그 전략이 성공하여 지금 강력한 대통령 후보로 점쳐지는 시점에까지 이르렀다.

〈뉴욕 타임즈〉에 따르면, 민주당 경선 후보 오바마가 2007년 1

월부터 2008년 1월까지 13개월 동안 모은 선거 자금은 1억 3,700 만 달러이다. 그 액수는 매케인이나 힐러리와 비교할 수 없을 정 도로 많다. 힐러리와 매케인은 선거 자금 중에서 기부금의 비율 이 거의 90% 정도이지만, 오바마는 거의 전부가 기부금이다.

오바마는 거액의 선거 자금을 기부받기도 하지만, 많은 사람에 게 소액의 기부금을 받는 경우가 더 많다. 미국에서 개인이 기부 할 수 있는 한도 액수는 2,300달러인데, 힐러리에게 기부한 지지 자들 중에서 2,300달러를 낸 사람들은 50%를 넘고, 오바마에게 기부한 지지자들 중에서 500달러 미만을 낸 사람들은 40%가 조 금 넘는다. 오바마는 다른 후보들과 비교해 압도적으로 소액 기 부자가 많다. 기부금의 액수와는 상관 없이 모든 선거권자에게 한 표의 권리가 있다는 것을 생각한다면 오바마를 지지하는 사 람들의 숫자는 상상할 수 없을 정도로 많다는 것을 알 수 있다.

오바마의 선거 운동 방법 중에서 다른 후보들이 흉내 내지 못 하는 중요한 것 중 하나는 풀뿌리 시민 참여 운동 전략이다. 오 바마는 이 운동을 통해서 많은 소액 기부자들로부터 선거 자금 을 모으고 있다. 또 오바마의 선거 운동원들은 선거권자가 있는 곳이라면 어디든 현장을 방문하여 지지 세력을 넓혀나간다.

초선인 연방 상원의원 오바마가 정치계의 거물이라고 할 수 있 는 힐러리를 뒤로 제치고 민주당 대통령 후보가 되기 위해 질주 하고 있는 비결은 바로 젊은 층의 자발적인 행동을 이끌어내고 스스로 지지층을 확산시키는 풀뿌리 운동이라고 할 수 있다. 오바마는 풀뿌리 조직을 통해서 자신의 입지를 미국 전역 곳곳에 굳혀 나가고 있다.

사실 오바마는 풀뿌리 공동체 조직을 구상하면서 그의 앞을 지나갔던 위대한 지도자들의 이미지를 떠올렸다. 흑인 위인들을 기념하기 위한 기록영화에 나오는 장면들 그리고 어머니가 들려주었던 흑인 지도자들의 이미지들은 오바마의 기도 속에 늘 떠올랐고 오바마의 의식을 강하게 붙잡아주었다.

오바마는 자신이 생각하고 있는 이미지를 만들기 위해 공동체를 만들고 필요하다면 투쟁도 하며, 모든 변화를 조직화 과정을 통해서 이루어야겠다고 생각했다. 그 생각을 할 당시 뚜렷한 대책이 없었지만, 그는 결국 대통령 출마를 위해 풀뿌리 조직으로 공동체를 이루었고, 그 뒷받침으로 지금과 같은 지지를 받고 있다.

오바마는 시카고의 지역 사회 운동가로 활동한 지 거의 30년이 지난 2007년 1월에 대통령 출마 의사를 발표하면서 풀뿌리 조직의 강한 영향력에 대해서 생각해보았다. 그리고 진정한 변화는 특별한 어느 누구에 의해서 시작되는 것이 아니라, 가장 넓은 국민층인 일반인들에게서 시작된다는 것을 강조하면서 시민들이 함께 한다면 어떠한 엄청난 변화도 이루어낼 수 있다고 확신하며 외쳤다.

풀뿌리는 연약해 보이지만 번식력이 대단해서 엄청난 속도로 뻗어나간다. 이러한 풀뿌리와 같은 존재가 일반 대중이며, 일반 대중으로부터 세상의 변화가 시작된다는 것을 오바마는 인식하고 있다. 또한 그 영향력도 알고 있다. 실제로도 풀뿌리 조직은 오바마를 지금의 강력한 대통령 후보 자리에까지 오르게 해주었으며 대선 행보에 가장 큰 영향력을 행사하고 있다.

대중 속에 더욱 깊숙이 파고 들어라

기업은 소비자가 원하는 제품을 개발해서 상품화해야 마케팅에 성공할 수 있다. 즉, 고객 중심으로 생각해야 고객의 마음을 얻을 수 있고, 성공할 수 있다. 대중의 지지를 불러일으키려면 먼저 대중에 대해 알아야 한다. 대중이 어디에 관심이 있는지, 어떤 생각을 하고 있는지, 어떠한 감성을 갖고 있으며, 어디에 열정을 쏟아 붓는지를 알아야 한다. 그래야만 대중과 교감할 수 있기 때문이다. 물론, 교감이 없으면 지지를 이끌어낼 수 없다.

오바마가 검은 돌풍을 휘몰아치면서 정치적인 스타로 급부상하고 급기야 대통령에 출마하여 큰 지지를 받게 되자 오바마를 주제로 하는 뮤직 비디오까지 등장했다. 그 비디오는 힙합 음악으로 되어 있기 때문에 젊은이들의 관심과 사랑을 끌기에 안성

맞춤이다. 'Yes we can'이라는 제목의 뮤직 비디오는 제작자인 윌아엠과 제시 딜런 감독이 오바마의 연설을 중심 내용으로 하여 만들었다.

뮤직 비디오에는 오바마가 어디에서인가 했던 연설 장면이 나오고, 유명한 가수나 운동 선수 또는 배우 등이 오바마의 연설 내용으로 된 노래를 번갈아 가면서 부른다. 그 중에는 영화배우 스칼릿 요한손, 가수 존 레전드, 재즈 피아니스트 허비 행콕, 배우 닉 캐논 등이 있는데, 이들은 때로는 오바마의 연설문을 열정적으로 따라 외치기도 하고, 때로는 오바마의 메시지를 거듭해서 읊기도 한다.

제작자인 윌아엠은 오바마의 연설을 듣고 감동받은 후 그 뮤직 비디오를 만들고 싶었다고 한다. 오바마의 연설을 들으면서 자신이 자유를 누리고 있음을 깨닫게 되었고, 자신이 그러한 자유를 누릴 수 있는 것은 자유를 위해 싸운 훌륭한 지도자들이 있었기 때문임을 알게 된 까닭이다. 그는 오바마에게서 자신에게 자유를 누리게 해준 지도자들의 모습을 보았고, 오바마가 많은 사람들의 삶을 자유롭게 해줄 수 있으리라는 확신이 들었다.

그런데 놀라운 것은 뮤직 비디오에 나오는 40여 명의 유명인들이 모두 자발적으로 제작에 참여했다는 것이다. 그들 역시 뮤직 비디오에 담은 오바마의 변화에 대한 메시지에 찬성하기 때문에 힘을 모았다. 그 뮤직 비디오에 열광하는 대중 또한 같은 마음일 것이다.

그 뮤직 비디오는 인터넷에 올려진 지 며칠이 되지 않아서 천만 명이 넘는 사람들이 관련 홈페이지에 접속하는 등 엄청난 인기를 얻고 있다. 뮤직 비디오의 인기가 바로 오바마의 인기로 이어지는 것은 당연한 일일 것이다.

한편, 오바마가 자신이 저술한 책을 낭독한 오디오북이 그래미 상 부분에서 유명인의 저서나 강연 오디오북에 수여하는 최우수 낭독 앨범상을 받았다. 이렇게 오바마의 비전이 글을 통해 계속해서 대중에게 파고들어가는 일은 주지할 만한 일이 아닐 수 없다.

대통령 선거가 가까워지면서 후보들의 선거전이 점점 더 열기를 띠는 가운데 오바마의 열렬한 지지자로 알려진 할리우드의 스타 에드워드 노튼은 오바마에 대한 다큐멘터리 영화를 제작하고 있다. 그는 오바마가 민주당 후보로 나서기 전부터 시작하여 경선의 중요한 과정들을 영화로 다룰 것이라고 한다. 그리고 만약 오바마가 민주당 경선에 승리하고, 민주당 대표 후보로서 공화당 후보와의 경쟁에서 승리하여 대통령이 되어 백악관에 입성할 경우 그 모든 과정과 재임 기간 중의 모든 것을 담아서 영화로 제작할 계획이다.

촬영은 오바마가 민주당 후보로 대선에 나서겠다고 선언한 2006년에 이미 시작되었는데, 제목과 상영 예상 일정은 정해지지 않은 상태이다. 아직 모든 대선 과정을 지켜보아야 하기 때문이다.

물론 이름 있는 스타들이 대통령 선거를 위해 자신이 지지하는 후보를 후원하며 선거 자금도 내고 지원 유세도 하는 예는 많다. 그러나 자신이 지지하는 후보에 대한 영화를 직접 제작하는 예는 흔한 일이 아닌데, 에드워드 노튼은 오바마라는 존재를 알려야겠다는 생각에서 오바마에 대한 다큐멘터리 영화를 제작하게 되었다. 이것은 그만큼 오바마를 지지하는 강력한 후원자들이 도처에 깔려있다는 한 예가 될 것이다.

이렇게 오바마는 정치적 스타로서 여러 가지 길을 통해 대중 속으로 스며들어가면서 대중의 감성에 호소하며 마음을 사로잡고 있다. 마치 잉크가 물에 떨어지면 순식간에 퍼져 푸르게 되듯이 오바마를 응원하는 대중들의 지지 세력은 어느새 미국 전역으로 확산되고 있다.

사람들로 하여금 나를 사게 하라

자신을 마케팅하는 방법에는 두 가지가 있다.

그 하나는 사람들에게 자신이 제공하는 서비스나 제품을 사라고 권하는 방법이다. 이것은 누구나 할 수 있는 방법으로 자신이 제공하는 것의 값을 자신만이 정할 수 없는 한계가 있다.

자신의 가치를 설득해야 하는 숙제가 남아 있고, 그에 따라 가격 협상이 이루어진다.

그 다음 하나는 사람들로 하여금 자신이 제공하는 것을 사지 않을 수 없도록 만드는 방법이다. 굳이 사라고 하지 않아도 제공하는 것을 자발적으로 사고 싶도록 만드는 것이다. 인기 가수의 노래는 들어달라고 부탁하지 않아도 많은 사람들이 즐겨 듣는 것처럼 말이다.

미국의 대선주자들은 지지층을 확산하여 견고하게 유지하는 동시에 엄청난 선거 비용을 조금이라도 충당하기 위해서 자신의 개인 홈페이지에 각종 물건 판매 코너를 만들어 놓고 지지자들로 하여금 구매하도록 유도하고 있다. 실제로 대통령이 될 유력한 가능성이 있는 후보들의 개인 홈페이지는 마치 인터넷 쇼핑몰을 방불케 할 정도로 수많은 사람들이 방문하여 물건을 사고 있다. 그들은 자신이 지지하는 후보의 홈페이지에서 판매하는 물건을 구매함으로써 그 후보를 지지한다는 것을 표현한다.

다른 대선주자들에 비해서 젊은 층과 흑인에게 특별한 지지를 받고 있는 오바마의 홈페이지에는 가장 많은 사람들이 방문하여 물품을 구매하고 있다. 오바마 지지 문구가 새겨진 셔츠가 20달러 정도에 팔리고, 오바마가 외친 변화를 주제로 하여 어느 화가가 그린 포스터가 70달러에 나와 있다. 다른 화가들도 오바마와 관련한 자신의 작품을 판매함으로써 오바마를 지지하고 있다.

또한 오바마의 사진이나 오바마가 사용하는 선거 전략의 핵심 단어 중 하나인 '희망' 이라는 글자가 새겨진 상의는 수십 달러에 팔리고 있다. 그 외에도 부채나 팔찌 등 여러 가지가 있다.

오바마는 여성 또는 학생이나 낮은 소득층에서 살 만한 것 등을 분류해서 많은 계층이 다양하게 물건을 구매하도록 하는 전략을 쓰고 있다. 어떤 물건들은 너무나 많은 사람들이 한꺼번에 구매하는 바람에 배달이 지연될 정도로 오바마는 사람들의 자발적인 관심과 사랑을 받고 있다.

힐러리는 오바마와는 달리 자신의 홈페이지에 고가의 물건들을 많이 내어 놓고 판매하고 있다. 야구모자와 차량 스티커와 풍선과 플래카드 등을 한꺼번에 묶은 패키지 상품이 수백 달러이고, 힐러리의 이름이 새겨진 브로치는 100달러이며, 힐러리 이름이 있는 상의는 60달러이다. 힐러리는 고액 기부자들이 많고 오바마는 소액 기부자들이 많다는 것이 힐러리와 오바마가 내어놓은 물품 가격에서도 그 맥을 같이 하는 것을 볼 수 있다.

일정 후보의 이름이나 구호가 새겨진 모자를 쓴다거나, 옷을 입는다거나, 물건을 갖는다거나 하는 것은 그 후보를 지지하며 행보를 함께 한다는 것을 간접적으로 나타내 보여주는 것이다. 예를 들어, 한 조직이 같은 색의 옷을 입는다는 것은 그 조직에 대한 소속을 말하는 것이다. 그 조직과 뜻을 같이 하지 않는 사람은 절대로 같은 색의 옷을 입지 않고, 다른 색의 옷을 입음으로써 자신의 뜻을 알린다.

　오바마의 지지자들에게 오바마를 사랑하는 마음이 없다면 절대로 돈을 지불하고 그를 상징하는 물건을 사서 몸에 지니거나 주변에 두지 않을 것이다. 모든 보이는 것은 보이지 않는 내면의 표현이다. 대선 후보자들 가운데 오바마의 홈페이지 물품이 가장 많이 팔린다는 것은 사람들이 그만큼 그를 사랑하고, 지지하며, 함께 하기를 원한다는 간접적인 표현이라고 할 수 있다.

★ 정확한 전략이 없는 경기는 차라리 시작하지 않는 편이 낫다.
그 결과는 패배이기 때문이다.

★ 뿌리가 서로 연결되어 있는 나무는 세찬 바람이 불어도 쓰러지
지 않는다.

★ 뿌리가 깊고 넓게 퍼져 있을수록 나무는 더 크게 성장한다.

★ 자신을 싼 값에 내어놓지 말라. 최고의 값이 아니면 자신을 내
어놓지 않는 사람이 되라.

오바마에게서 엿보는
성공 마케팅 전략

오바마는 목표를 두고
날이면 날마다, 매달, 매해 계속해서
후원자와 지지자들에게 전화하고 있다.
자신과 자주 대화를 나누어서 익숙한 사람에게
마음이 가는 것은 당연한 일이다.
익숙한 것을 사람들이 좋아하는 이유는
친숙한 것에 이끌리기 때문이다.
오바마는 바로 이 점을
마케팅 전략의 중요한 부분으로 적용했다.

자신만의 독특한 셀프 마케팅으로 승부하라

오바마는 엄청난 선거 자금을 모집함으로써 특별히 재정적으로 전례가 없는 세계 최대의 성공을 이룬 정치가라고 할 수 있다. 경선이 한창 진행 중이던 2008년 3월에는 한 달 만에 5천만 달러의 선거 자금을 모으는 등 2008년 4월 말까지 2억 달러가 넘는 엄청난 액수의 선거 자금을 모았다. 그 액수는 같은 기간 동안에 힐러리가 모은 것의 두 배가 넘는다. 선거 자금뿐 아니라 대의원 수와 지지자의 수도 힐러리를 앞서고 있다. 그리고 지금까지 미국 역사상 유래 없는 숫자라 할 수 있는 수십만 명이 선거전에 자원해서 함께 일하고 있다.

오바마는 과연 어떤 전략을 쓰고 있기에 그런 성공을 이루고 있는 것일까? 남들과 똑같은 전략을 썼다면 지금의 그가 존재할까? 아닐 것이다. 모든 면에서 다른 후보들보다 훨씬 열악한 환경 가운데 선거 운동을 시작했기 때문에 어떤 독특함이 없이는 결코 지금의 오바마가 존재하지 않을 것이다.

다른 후보들에 비해서 정치 연륜이 월등히 적은 오바마가 정말로 훌륭한 정치인인지 아직 판단하기는 이르다. 뛰어난 대통령이 될지에 대해서도 검증할 수 없으므로 아직은 말할 수 없다. 그러나 그가 세계적 정치가들 중에서 가장 성공적인 셀프 마케팅 전략을 펴고 있는 것만은 틀림없다. 그러했기에 미국뿐 아니라 세계가 그를 주목하게 만들 수 있었다.

미국 대통령에 도전하기에는 아직 정치적인 신예에 불과하고 별로 잘 알려져 있지도 않으면서 어떻게 오바마는 정치적으로 경험이 많고, 재정적으로 풍부하며, 정치적 배경까지 탄탄한 힐러리를 지금까지 따돌릴 수 있었을까? 그것은 바로 힐러리와 다르고, 다른 사람과 다른 그만의 독특한 전략을 가진 것이라 할 수 있다. 오바마는 자신만의 개성을 만들어가고, 자신이 가진 모든 것을 활용해서 자신을 유리하게 마케팅하는 데 전문가적 기질이 탁월하다.

남들과 다르려면 무슨 일이든 바라보는 시각부터 바꾸어야 할 것이다. 그렇지 않으면 자칫 모두가 가고 있는 길을 갈 염려가 있기 때문이다. 그런 길을 가면 독특한 것이 없기 때문에 그저 평균적인 수준에 머무를 수밖에 없다.

넓은 길을 택하지 말고 좁은 길을 택하라는 말이 있다. 넓은 길을 택하면 누구나 간 길을 가게 된다. 그 길은 자신의 길이 아닌 무리에 쓸려가는 길이다. 좁은 길을 가려면 힘이 많이 들 것이다. 찾는 이가 적어서 길이 제대로 나 있지도 않은 험난한 곳일 수 있다. 그러나 그러하기에 새롭게 개척해 나갈 수 있고, 독특한 자신만의 길을 만들어나갈 수 있다. 다른 사람과 다르다는 것은 때로 좁은 길을 택하는 것과 같다. 그러나 그 길은 그만큼 가능성이 많기도 하다.

끈질기게 연락하여 사람의 마음을 움직여라

힐러리 선거 캠프의 책임자는 선거전이 진행되는 중 오바마에 대해 연구한 결과 새로운 사실을 발견하고 깜짝 놀랐다고 한다. 우선 그는 오바마가 힐러리보다 서너 배나 더 많은 선거행사를 연다는 사실을 알게 되었다. 오바마는 크고 작은 행사로 기회가 있을 때마다 사람들을 만나고 있었다. 이미 수많은 사람들을 직접 접했고 접하고 있다는 사실에 놀라지 않을 수 없었다.

이는 분명 시카고에서 지역 사회 운동가로 활동한 경험이 오바마로 하여금 지금의 전략을 만들어내는 데 크게 작용했을 것이다. 당시 오바마는 지역 사회의 사안을 해결하기 위한 지원자나 모금자들에게 전화를 한 적이 많다. 이 과정에서 많은 사람들이 여러 반응을 보이기는 했지만, 사람들과 직접 음성으로 접하는 것이 자신의 입지를 넓히는 데 얼마나 큰 도움이 되는지를 체험했을 것이다.

힐러리의 선거 캠프 책임자는 힐러리를 위한 지원과 지지를 얻어내기 위해 자신이 누군가에게 전화를 하면 상대방은 이미 오바마의 전화를 받은 후였다고 한다. 그것도 벌써 서너 차례 오바마의 전화를 받았다고 하니 놀라지 않을 수 없었다. 오바마는 5년 전에 대통령 선거에 출마해야겠다고 결심한 후부터 선거 자금을 기부할 가능성이 있는 후원자들과 지지자들에게 매일 다섯 시간씩 전화를 걸었다고 한다.

아직 정치적 초보자에 불과했던 오바마는 수년이라는 짧은 기간 내에 그러한 방식으로 자신을 지원할 억만장자들의 마음을 얻었고, 정치적으로 영향력 있는 사람들을 열정적인 지지자로 만들었다. 그러면서도 자신이 해야 할 일은 물론 시간과 노력을 많이 들여야하는 상원의원의 역할도 열심히 했다.

오바마는 목표를 두고 날이면 날마다, 매달, 매해 계속해서 후원자와 지지자들에게 전화하고 있다. 자신과 자주 대화를 나누어서 익숙한 사람에게 마음이 가는 것은 당연한 일이다. 연예인이 텔레비전에 처음 얼굴을 비칠 때는 별 호감이 없더라도 자주 볼수록 좋아지게 되는 것처럼 말이다. 익숙한 것을 사람들이 좋아하는 이유는 친숙한 것에 이끌리기 때문이다. 오바마는 바로 이 점을 마케팅 전략의 중요한 부분으로 적용했다.

만약 당신이 사람들의 관심을 끌어야 하는 일을 하고 있다면 여러 가지 방법으로 당신의 얼굴과 이름이 거론되도록 하는 것이 좋다. 책을 쓰는 것도 좋고, 칼럼을 자주 쓰는 것도 좋다. 텔레비전과 같은 대중매체에 얼굴을 나타내는 것도 좋고, 많은 사람이 모이는 모임에 참석하여 활동하는 것도 좋다. 처음에는 사람들이 당신의 존재에 대해서 별 반응을 보이지 않을지 몰라도 당신이 눈에 많이 뜨일수록 높은 호감도와 신뢰도를 가지게 될 것이다.

'우리 - 전략'으로 자신의 편을 만들어라

한 인물을 모든 사람이 다 좋아할 수는 없다. 취향과 성향이 다르고, 가치관이 다르기 때문이다. 정치라면 더더욱 그 노선이 다를 가능성이 크므로 인기가 올라갈수록 반대 세력도 많이 등장한다. 특별히 오바마는 지지 찬반 의사에 극단을 보이는 사람들이 많을 수밖에 없다.

오바마는 '우리 - 전략'을 활용함으로써 배타적인 감정을 몰아내는 새롭고도 독특한 전략을 쓴다. 그는 사람들을 자신에게로 이끌어내기 위해 상대 후보에 대한 네거티브를 내세우는 전략을 쓰지 않는다. 그 대신 다른 관심사를 가진 사람들도 함께 하면 무엇이든 이룰 수 있다는 희망을 불러일으키고 있다. 그리고 사람들이 갈등할 만한 사안들은 조절하여 균형을 잡아준다. 우리가 함께 통합을 이루어내고, 우리가 함께 변화를 하자고 외치는 것이다.

이미 앞에서도 말했지만 하버드 로스쿨을 다닐 때 가장 나이가 어린 최초의 흑인으로서 하버드의 법률학술지인 〈하버드 로 리뷰〉의 편집장을 지냈던 것만 보더라도 오바마는 사람을 이끌어내는 언어적 재능을 가졌다. 이는 그의 흑인 아버지의 영향을 받은 것이 틀림없다. 미국의 명문 대학에서 수사학을 전공한 아버지는 어린 시절 오바마에게 보낸 몇 번 안 되는 편지로 오바마의 마음을 끌 만큼 언어적인 재능이 있는 사람이었다.

뛰어난 리더는 자신과 함께 하는 구성원들의 다양한 흥미거리에 관심을 가지고, 내적 갈등을 해소하면서 단체를 이끌어나간다. 오바마도 국민들의 관심사를 살피고, 드러나지는 않았지만 내면에 가득 차 있는 문제와 갈등이 무엇인지 파악하여 수면 위로 떠오르도록 이슈화하며, 함께 해결해나가려는 의지를 표현한다. 그렇게 함으로써 국민들로 하여금 그것이 자신만이 아닌 모두가 공유하고 있는 문제라는 것을 깨닫게 하고, '우리'가 함께 그 문제를 해소해 나가자는 의식을 불어넣는다.

실제로 힐러리는 '나'라는 주어를 많이 사용하는 데 비해 오바마는 '우리'라는 주어를 많이 사용한다. 즉, 힐러리는 퍼스트레이디와 오랜 정치적 경험 등으로 생긴 자신의 정치적 경험과 재능을 활용하여 사람들을 설득하고, 오바마는 우리가 함께 이루어나가자는 표현을 함으로써 대중의 공감을 이끌어낸다.

언어는 의사소통을 하고 인간관계를 형성하는 동시에 사람의 마음을 움직인다. 사람들과 공감대를 형성하려면, 당신 또는 나라는 말은 상대방과 자신을 극명하게 분리시키는 언어이므로 될 수 있으면 피하는 것이 좋다. 대신 우리라는 말을 쓰면 당신과 내가 한 울타리에 들어오게 되고, 한 편이 될 가능성이 커지게 된다.

쉽게 말하여 모든 사람의 마음을 끌어들여라

"그렇습니다. 우리는 할 수 있습니다!"라는 말은 오바마가 외치는 희망의 메시지 중 핵심이 되는 구호이다. 이 하나의 단순한 문장은 어쩌다가 오바마의 입으로 흘러나온 것이 아니다. 오바마는 자신이 사람들에게 전달하고 싶은 메시지를 정확하게 파악하여 정리했다. 그리고 그 내용을 단 하나의 문장에 몽땅 집어넣었다.

이 점 또한 힐러리와 비교되는 부분이다. 힐러리는 자신이 표현하고 싶은 것이 있으면 그것을 자세히 설명하고, 합리적으로 이해가 되도록 설득하는 스타일이다. 그러나 오바마는 가장 나이가 어린 유권자도 그의 말이 무슨 뜻인지 알 수 있을 정도로 정확하고도 단순한 언어로 쉽게 표현한다.

예를 들면, 오바마는 "몇 주 전에 북쪽에서 시작된 속삭임이 합창이 되었고, 그 합창은 동쪽에서 들리고, 남쪽과 서쪽에서도 들렸습니다. 이제 그 희망의 합창은 미국민의 가슴속에 울려 퍼지고 있습니다."라고 연설한 적이 있다. 말은 나이가 어리건, 학력이 낮건 간에 누구나 알아듣기 쉽다. 많은 사람들이 잘 이해하는 말이 사람들의 마음을 움직일 가능성이 높다.

오바마는 의도적으로 쉬운 언어로 말을 하여 유권자들을 감동시킨다. 그는 자신의 뜻을 모두가 알아듣도록 쉽게 말하고 나서는 "변화를 위해 일어섭시다!"라는 한 마디 메시지로 사람들의 마음속에 파고든다. 그러면 사람들은 환호를 보낸다. 왜냐하면 마음이 이미 그를 향해 가고 있기 때문이다.

짧고도 단순하며 이해하기 쉬운 말 속에 많은 뜻을 담아 감성을 자극함으로써 사람들을 이끌어내는 것, 그것이 바로 누구도 흉내낼 수 없는 오바마의 독특한 전략이다.

최고의 정치인 또는 최고의 경영 책임자라면 그 대상이 되는 그룹의 감성을 자극할 수 있어야 한다. 그뿐 아니라 일반 사람들도 누군가와 면담을 하거나 전화 등으로 직접 대화할 때 자신의 말을 정리할 필요가 있다. 서면상으로 간접적인 대화를 할 때도 자신이 표현하고자 하는 것을 알기 쉬운 말로 정리할 필요가 있다. 그래야만 오바마처럼 사람들의 마음을 자신에게로 이끌 수 있다.

인터넷을 활용하여 자신의 영역을 넓혀라

거액에 이르는 오바마의 선거 자금은 전화로만 마련한 것이 아니다. 물론, 오바마는 성공 기업인들, 누구나 인정할 만한 거부들과 유명 인사들에게 전화를 하였지만, 소액의 선거 자금을 후원하는 지원자들은 인터넷이라는 또 다른 방식으로 자신에게 이끌어내고 있다.

인터넷을 통해 소액의 선거 자금을 내는 오바마의 팬은 매일 수백만 명에 이를 정도이다. 25달러 이하의 소액 지원자들이 오바마 캠프에 보내주는 선거 자금은 하루에 백만 달러에 이르며 그가 모은 전체 선거 자금의 절반에 달한다.

오바마의 사이버 공간에는 힐러리와 매케인을 지지하는 사람들을 합친 수보다 두 배나 더 되는 지원자들이 등록되어 있다고 한다. 힐러리의 홈페이지와 오바마의 홈페이지에 들어가면 그 차이를 실감할 수 있다. 인터넷 소품 판매를 통해 모은 선거 자금도 힐러리와 매케인은 오바마를 따라올 수 없을 정도이다. 여러 가지 방법을 동원하고 인터넷 네트워킹을 이용하는 선거 마케팅은 오바마를 따라올 자가 없다.

인터넷 마케팅이 없었다면 지금의 오바마가 존재하지 않을 것이다. 오바마는 인터넷을 활용한 선거전이 당락을 좌우한다는 것을 잘 알고 전략적으로 유효하게 사용한 성공한 정치인이라 할 수 있다.

자신이 무엇을 원하는지를 몸으로 말하라

오바마가 강력한 대통령 후보로서 떠오르게 된 것은 그저 된 것이 아니다. 그는 그곳까지 가기 위해 완벽하게 계획했고, 그 계획을 한 단계씩 밟고 올라갔다. 그러나 그도 아직 대통령이 되어보지 않았기 때문에 어떤 길로 가야 그 자리에 이를 수 있는

지 확실히 모른다. 그렇기 때문에 할 수 있는 다양한 방법을 선거전에 시도해보지 않을 수 없다. 오바마는 각종 가능한 방법을 계획하여 시도했고, 그것이 되지 않으면 방법을 바꾸거나 교정하면서 최선의 방법을 만들어나갔다.

대중매체의 영향력이 얼마나 큰지를 이미 절감한 오바마는 각종 대중매체로 다양하게 홍보를 시도해보았다. 예를 들면, 오바마는 2004년도에 상원의원으로 당선되었을 때 어떤 목소리 톤으로 어떻게 사람들을 설득시키며, 어떤 새로운 스타일로 연설해야 할지 사전에 시험해보았다. 그의 그런 준비된 연설은 기자들도 감전이 될 정도로 감동을 주었다. 그때부터 이미 그는 대통령 선거에서 사람들의 마음을 자신에게로 이끌 수 있는 연설 스타일을 만들어내었다.

오바마는 최대한 설득력을 높이기 위해 정확히 자신이 의도하는 대로 말의 높낮이와 크기를 조절한다. 때로는 나지막한 음성으로 거실에서 대화를 나누는 듯한 편안한 분위기를 만들고, 때로는 높고 강한 톤으로 거침 없고 쉼 없이 말을 이어감으로써 사람들로 하여금 숨을 죽이고 끌려오게 한다.

오바마의 몸짓과 시선 또한 정확한 의도대로 이루어진다. 사람들의 마음을 이끌어내고 싶을 때는 모든 사람을 향해 손바닥을 펴보인다. 때로는 전체 대중을 바라보는 듯, 때로는 대중 속에 있지만 자기 자신을 바라보며 말하는 듯 시선을 던진다. 사람들

앞에 정면이 보이도록 똑바로 서서 말하기도 하고, 약간 측면을 보이면서 말하기도 한다.

사람들이 오바마가 말할 때 환호성을 지르며 지지하는 것은 그저 일어나는 현상이 아닐 것이다. 이미 대통령이 되는 꿈을 갖기 시작하던 수년 전부터 연설을 연습한 결과일 것이다. 그에게 감동을 받는 것은 단순히 말의 내용 때문만은 아니다. 그는 말을 할 때 목소리 크기와 높낮이, 여러 가지 몸짓과 시선 처리 등 모든 것이 더욱 설득력을 더하게끔 의도적으로 처리한다.

필자는 지난 2007년 우리나라 대통령 선거가 본격적으로 시작될 즈음에 어느 대통령 후보의 이미지 컨설팅 제의를 받은 적이 있었다. 그때 필자가 제안했던 내용은 대중의 긍정적인 심리 반응을 일으킬 수 있는 신체 표현에 관한 것이다. 구체적으로는 그 대통령 후보에게 해당하는 것이지만, 다른 후보뿐 아니라 대중 앞에 자주 서는 사람이 알아야 할 일반적인 내용이므로 소개하고자 한다.

신체표현을 통한 대중의 긍정적인 심리 반응을 유출하기 위한 제안 

많은 사람들이 감정, 마음, 생각, 의지, 열정 등과 같은 것은 눈에 보이지 않는다고 생각하지만, 신체적인 표현으로 정확하게 눈에 보여진다. 사람은 눈으로 보여지는 것으로 또 다시 상대방이 지닌 눈에 보이지 않는 것을 파악하는 능력이 있다. 습관이 된 신체 언어적 표현은 자신의 의도와는 다른 이미지를 자아낼 수 있다. 그러나 신체 언어를 자신이 하고자 하는 말의 내용과 일치시키면 설득력을 강화할 수 있고, 적절하게 표현하면 상대방의 감성을 이끌어낼 수 있다.

대중매체 또는 강연에 나타나는 후보의 이미지 중에서 유지 내지 강화해도 좋은 신체 언어적 표현과 교정 내지 유의해야 할 몇 가지 사항을 제시하면 다음과 같다.

유지 및 강화 사항

● 몸을 개방하고 상황에 맞는 다양한 몸짓을 사용한다.

말과 상응하는 몸짓은 설득력을 더해준다. 예를 들면, 손가락을 모두 모아서 붙이고 위에서 아래로 자르는 듯한 행동은 결단력을 나타내고, 주먹을 쥐는 것은 자신감과 확신을 나타낸다. 이러한 몸짓은 경직되지 않고, 유연하고, 융통성 있게 보인다. 또한 자신감과 소신과 열정을 나타내므로 긍정적 작용을 한다. 때로는 몸짓의 속도를 조절함으로써 더 강력한 설득력을 얻을 수 있다. 이를테면, 보통 속도로 몸짓을 하다가 특별히 강조하고 싶은 내용이 나올 때는 느리고 강하게 말하며 몸짓한다.

● 손바닥을 많이 보여준다.

손바닥을 보이는 것은 진실성, 정직성, 충성심 등을 의미한다. 말을 할 때 손등을 보이기보다 손바닥을 많이 내어 보이는 것은 진실하고 솔직한 사람이라는 인상을 준다. 그리고 자신을 개방하는 작용을 한다. 손을 내어 보인다는 것은 무장해제를 뜻하고, "나는 당신에게 위협을 주지 않습니다."라는 의미를 나타내므로 안도감을 자아낸다.

● 온화하고 약간 미소를 띤 듯한 눈 표정으로 긍정적인 이미지를 만든다.

약간 미소를 띤 듯한 눈 표정은 장점으로 작용한다. 그렇지 않으면 눈매가 날카롭게 보일 수 있다. 여유 있는 미소와 웃음은 자신감과 일에 대한 확신과 능력으로 나타나 보인다.

● 걸음걸이를 반듯하게 한다.

반듯한 걸음걸이는 적극적이고, 목표지향적이며, 긍정적인 이미지를 느끼게 해준다. 서 있거나, 앉아 있을 때 두 발이 바닥에 닿으면 자세가 바르게 되고, 몸을 좀 움직이더라도 유연한 인상을 준다. 두 발이 땅에 견고히 닿아 있는 것은 나무가 뿌리를 깊이 내리고 있어서 바람이 세차게 불어도 흔들림이 없는 것과 같은 이미지를 심어준다.

● 말을 빠르게 하다가도 때로 공백을 둔다.

말하는 중간에 가끔 공백을 두면 말하는 내용이 강조된다. 물 흐르듯 말을 하다가 천천히 또박또박 말하면 내용이 강조되고, 사람들의 관심도 집중된다. 말을 좀 느리고 강하게 하는 사람이 말을 빨리 하는 사람보다 더 신뢰를 받는다. 이는 CEO와 안내원의 말하는 속도를 생각해보면 이해하기 쉽다. 직위가 높을수록 말하는 속도를 때로는 느리게도 하고 강하게도 한다. 그만큼 그

직위에 대한 설득력을 더 강력하게 하기 위해서이다.

교정 및 유의 사항

● 때로 손으로 코끝을 만지는 경향이 있다.

코에 손을 대는 것은 주로 진실을 말하지 않거나, 불안하거나, 흥분하거나, 화가 났을 때 하는 행동이다. 보통 다른 사람의 말을 들으면서 의구심이 생길 때도 사람들은 코에 손을 댄다. 습관적으로 코를 만진다고 해도 보는 사람은 자연적으로 위의 경우와 같다고 받아들이는 경향이 있으므로 삼간다.

● 말을 하다가 혀를 오른쪽 또는 왼쪽으로 내미는 경우가 있다.

말을 하다가 입술을 적시기 위해 혀를 잠깐씩 내미는 것은 불안과 흥분에 의한 것으로, 전형적으로 스트레스를 받고 있다는 신호이다. 그러므로 이러한 행동을 보는 사람은 자연히 말하는 사람이 불안, 흥분, 스트레스를 갖고 있다는 것을 느끼게 된다. 그런 느낌은 자신감, 열정, 소신과는 반대되는 인상을 준다.

● 검지로 대중을 찌르듯 가리킨다.

강력한 조언과 경고를 하기 위해 의도적으로 사용하는 경우가 아니라면 검지로 상대를 가리키는 것은 삼간다. 상당한 압박감

을 줄 수 있기 때문이다. 이런 행동은 "이렇게 하지 않으면 당신에게 어떤 강제적 제제가 가해질 것입니다."라고 말하는 것과 같고, 검지는 몽둥이를 든 것과 같은 작용을 한다. 인간은 생존을 위한 보호 본능이 있어서 자신에게 압박감을 주는 사람에게는 저항한다. 저항감이 생기면 공격하게 된다.

● 몸을 두 팔로 가리는 때가 있다.

좌담과 같은 자리에서 두 팔을 탁자 위에 놓고 꼬아서 몸을 가리는 경우가 있는데, 이런 모임에서는 특히 자신의 마음을 열어 보인다는 인상을 주는 것이 중요하다. 몸을 팔로 가리면 신체가 폐쇄되기 때문에 뭔가 나타내지 않는 것이 있는 듯 느껴진다. 두 팔을 벌리고, 될 수 있으면 손바닥이 보이게 하고, 가슴을 개방하는 것이 상대방과의 거리감을 좁혀주고, 더 솔직하며 개방적인 느낌을 받게 한다.

● 시선이 아래쪽으로 향하는 경우가 많다.

대중 앞에 설 때 주로 높은 강단에 오르고, 같은 위치에서 말을 한다고 해도 서서 하는 경우가 많다. 대중은 앉아 있기 때문에 자연히 시선이 아래로 향할 수밖에 없다. 시선이 아래로 향하고, 고개가 아래로 숙여지면 어두운 느낌이 든다. 그러면 대중도 따라서 마음이 어두워진다.

때로 시선을 뒤에 앉은 대중에게 던짐으로써 발언자의 시선을 위로 향하게 하여 눈동자가 보일 수 있게 하는 것이 좋다. 강력한 비전을 제시하며 강력한 리더십을 나타내야 할 경우 얼굴과 시선을 약간 위쪽으로 두면서 손바닥을 보이는 몸짓을 한다면 열정적으로 보이고, 설득력이 더해진다. 특히 대중 앞에서 하는 연설은 그 자리에 있는 사람들뿐 아니라 인터넷이나 TV를 통해 전해지기 때문에 이런 몸짓이 도움이 많이 된다.

● 기존 연설대는 신체를 너무 많이 가린다.

기존 연설대는 보통 강대상이 높은 데다가 연설대까지 높아서 발언자의 신체가 너무 많이 가려진다. 그럴 경우 발언자는 대중과 상관 없는 높은 사람이라는 인상을 줄 가능성이 있고, 왜소해 보일 수 있다. 선택이 가능한 상황이라면 연설대를 낮은 것으로 택하여 신체를 많이 나타내는 것이 바람직하다. 신체가 많이 보일수록 대중과 가깝고도 개방적으로 느껴지기 때문이다. 가능한 상황이라면 때때로 의도적으로 연설대에서 앞으로 나와 신체를 드러내는 것도 개방적이고, 거리감 없는 신선한 인상을 준다.

생각, 감정, 의지, 사상, 관념 및 열정 등은 수면 아래 숨겨진 빙산처럼 사람의 내면에 숨겨져 있다. 그러나 인간의 내면 깊은 곳에 들어 있는 그러한 요소들은 빙산의 일각이 수면 위로 떠오르는 것처럼 정확히 감각기관을 통해 느껴진다. 우리는 나타난 그 부분을 보고 사람의 내면을 추측할 수밖에 없다. 그래서 시각적, 청각적 이미지가 중요하다.

특히 대선을 앞둔 후보는 매스컴이나 연설 등을 통해 대중과 만나는 일이 많다. 그러므로 상황과 장소와 대중에 따라 시각적, 청각적 이미지를 잘 사용하여 자신이 '현 시대에 가장 부합한 대선주자'임을 설득할 수 있도록 해야 한다. 따라서 구체적으로 자신의 이미지를 분석하고 개선하는 전략이 무엇보다 시급하다. 이미지 전략은 유독 후보자 한 명에만 국한되어서는 안 된다. 전체 캠프 구성원들이 함께 이미지 전략에 동승할 때 최대 효력을 발생할 수 있다.

꿈을 위한 시간

★ 평균적인 수준에 머무는 것에 만족하지 말고, 누구도 흉내 낼 수 없는 독특함을 가져라. 그 독특함 때문에 사람들이 당신에게 눈길을 주게 될 것이다.

★ 사람은 친숙한 것에 이끌린다. 당신의 꿈을 위해 필요하다면 당신의 모습을 다양하게 드러내라. 호감도와 신뢰도가 상승할 것이다.

★ 꿈이 클수록 자신의 영역을 넓혀라. 높은 건물은 넓은 땅에 지어지는 법이다.

미셸에게서 엿보는
백악관 안주인 되기 전략

오바마가
백악관 주인이 되기를 꿈꾸듯이
어느새 미셸도 백악관 안주인이 되는 꿈을
구체적으로 꾸게 되었다.
인정받는 직업을 과감하게 던져버린 것은
다음 단계의 꿈을 이루기 위함일 것이다.
우리는 때로 손에 잡고 있는 것을
놓지 않으려 하다가 진정 잡아야 할 것을
놓쳐 버리는 실수를 하기도 한다.
그러나 미셸은 자신이 무엇을 잡아야 하며,
그것을 잡기 위해서는
무엇을 놓아야 하는지 아는 똑똑한 여자이다.

'검은 재클린' 돌풍으로 남편을 백악관으로 이끌기

한 사람의 노력만으로는 큰 뜻을 이루기 힘들듯이 한 사람이 한 국가의 대통령으로 떠오르는 것도 당사자의 노력만으로는 불가능하다. 떠오르는 한 사람의 뒤에는 그를 뒷받침하는 강력한 지원자가 있기 마련이다. 오바마에게 가장 큰 힘이 되고 있는 사람은 다름 아닌 그의 아내 미셸이다.

오바마는 어디서부터 시작했기에 이렇게 미국민의 관심의 중심이 되었는지 생각할 겨를도 없이 돌풍처럼 나타났다. 그런 만큼 그 아내 미셸 역시 어느 사이에 민주당 대선 유세장에서 떠오른 별이 되었다. 남편의 검은 돌풍 못지 않는 또 다른 검은 돌풍을 불러일으키면서 남편을 지지하는 미셸은 남편 오바마의 유세장에서 그녀만의 독특한 연설 스타일로 세간의 관심을 한 몸에 받고 있다.

미셸은 구사하는 말이 워낙 진솔해서 서민들의 공감대를 얻어내고 있다. 특히 미국의 중·장년층을 감동시킬 뿐 아니라 해박한 지식과 예리한 정치적 견해로 젊은 층과 지식층을 사로잡는 독특한 매력이 있다.

그녀는 유세 연설에서 여느 아줌마가 동네 사람들과 수다를 떨듯이 오바마가 잠을 잘 때 코도 골고, 양말을 이리저리 벗어 놓기도 한다는 등 소시민과 같은 남편의 소박한 행동을 폭로하면서 그들과 함께 웃는 가운데 열린 마음을 이끌어낸다.

그와 더불어 사람들에게 강력한 희망을 불러일으킨다. 수많은 사람들이 오바마가 상원의원이 될 수 없을 것이라고 말하곤 했지만, 결국 남편은 미국에서 유일한 흑인 상원의원이 되었다고 말하면서 모든 사람이 불가능과 두려움을 극복할 수 있다는 메시지를 전달한다. 그런 말로 사람들의 가슴에 희망을 불러일으킬 때면 유세장에 가득 찬 수천 명의 청중은 미셸을 향해 기립 박수를 치면서 환호성을 보낸다.

일각에서는 오바마의 돌풍이 미셸에게서 시작이 되었다고 말할 정도로 그녀는 주목을 받고 있다. 미셸은 오바마의 유세장 뒤에서 돕는 역할을 할 뿐 아니라 어떤 때는 단독으로 유세를 벌인다. 오바마가 흑인과 젊은 층뿐 아니라 연령과 성별을 넘어선 다양한 지지층을 형성해나가고 있는 데에는 미셸의 역할이 무시하지 못할 정도로 크다.

미셸은 180cm에 이르는 큰 키에 날씬한 몸매를 하고 있다. 또한 활달한 몸짓으로 사람들의 시선을 끌고 있다. 때로는 수다스러운 젊은 엄마처럼, 때로는 여느 주부 같이, 때로는 능력 있는 커리어우먼이나 약자를 대변하는 사회 운동가처럼, 때로는 단호한 기업인 같이 그때마다 다양한 모습으로 청중을 사로잡고, 호소력 있는 솔직하고 유머스러운 연설로 사람들의 마음을 오바마에게로 이끌고 있다.

사실 미셸은 오바마가 정치에 참여하는 것에 대해서 처음에는 찬성하지 않았다고 고백한다. 오바마가 상원의원이 되어 위싱턴으로 가게 되었을 때도 그녀는 자신이 터를 닦은 시카고를 떠나지 않고 그대로 남아 있었다. 오바마가 대통령에 출마하는 것도 반대했는데, 오바마가 금연하는 것을 조건으로 허락했다고 한다.

미셸이 오바마와는 달리 순수 흑인에 가깝다는 것은 흑인 유권자들 사이에서는 강점으로 작용한다. 흑인들의 눈으로 보면, 오바마는 백인 어머니와 백인 외조부모 아래에서 성장했고, 엘리트 교육을 받은 변호사여서 아무래도 백인의 분위기가 느껴질 수 있다. 그러나 순수 흑인인 미셸은 당연히 흑인 특유의 억양이 남아있어서 경우가 다르다. 자신과 같은 억양으로 말하는 미셸에 대해서는 좀 더 가까움을 느끼는 것이 당연하다.

더욱이 미셸은 시카고 남부지방의 저소득층이 사는 거주 지역에서 흑인 수도공의 딸로 태어나서 성장했다. 그렇기 때문에 그녀가 대통령에 출마한 남편을 도와 유세 연설을 하는 것은 아메리칸 드림을 이룬 것과 마찬가지이므로 사람들에게 특별한 희망을 불러일으킨다.

미셸은 지금의 자신이 있기까지 과정에 대해서 말하기를, "우리 모두는 자신에 대해 아는 것 이상으로 많은 자격을 갖추고 있습니다. 나의 삶이 바로 그 증거입니다."라고 하면서 오바마의 대선 메시지인 변화와 희망에 대한 확신을 자신의 삶을 통해 나타내 보여주기도 한다.

  사람들은 오바마를 보면서 존 F. 케네디를 떠올리며 '검은 케네디' 라고 부르기도 하고, 미셸을 보면서 케네디의 아내였던 재클린을 떠올리며 '검은 재클린' 이라 부르기도 한다. 미셸이 검은 재클린이라고 불리는 것은 어쩌면 미셸의 의도된 이미지 전략이 성공한 것인지도 모른다.

  어떤 사람의 이미지를 가지려고 시도하는 것은 그 사람처럼 되고 싶다는 표현일 수도 있다. 사람들은 미셸의 어떠한 면이 재클린의 이미지를 연상시키는지 분명하게 의식하지는 못한다. 그러나 사람은 모양이나 색깔과 같은 것에서도 지나간 어떤 것을 연상하게 된다. 색깔이 같거나 모양이 같을 때는 더욱 그러하다. 미셸이 유세장에 홀로 나타나건, 오바마와 함께 나타나건 간에 그녀가 하고 나오는 머리 모양이나 액세서리, 의상은 재클린과 비슷해서 어쩐지 재클린을 보는 듯한 착각을 불러일으키게 한다.

  그러나 재클린과 미셸은 분명히 다른 점이 있다.

  재클린은 케네디가 정치를 하던 내내 베일에 가려진 듯했다. 그러나 그녀는 미국 국민들뿐 아니라 세계인들의 사랑과 관심을 한 몸에 받았다. 전면에 나서지는 않았지만 엄청난 영향력을 가졌던 인물이었다.

  미셸은 적극적으로 사람들 앞에 모습을 드러내고 있다. 그녀는 오바마를 백악관으로 보내기 위해 단독 유세까지 하면서 자신을 자유롭게 드러낸다. 재클린이 나타나지 않은 숨은 돌풍이었다면, 미셸은 사람들이 직접 느낄 수 있고 볼 수 있고 들을 수 있는 드러난 돌풍이라 할 수 있다.

백악관 안주인을 엿보는 검은 돌풍 미셸, 그녀는 누구인가

미국에 불어오는 미셸의 검은 돌풍은 그냥 생긴 것은 아니다. 흑인으로서 미국 사회에 살면서 자신의 인종적 출신 환경으로 인한 문제와 사회 계급에 대한 갈등, 그 모든 배경 가운데서 자신의 능력을 어떻게 나타내고 발휘하며, 자신의 꿈을 이루어 나가는지, 또 무엇을 위해 어떻게 살아가야 하는지에 대한 문제와 갈등을 극복한 하나의 산물이라고 할 수 있다.

미셸 오바마는 1964년에 흑인 아버지와 흑인 어머니 사이에서 태어나 오바마가 지역 사회 운동가로 활동을 한 시카고에서 성장했다. 미셸은 네 살 때 글을 익힐 수 있을 정도로 영특했고, 학교에서는 월반을 할 정도로 공부를 잘했기 때문에 휘트니 영 고등학교를 1981년에 또래보다 일 년 빨리 졸업했다. 그 후 프린스턴 대학교에서 사회학과 흑인학을 전공하고, 1985년에 아주 우수한 성적으로 졸업했다. 그러나 백인과 특권층 자녀들이 주로 다니는 대학교에서 흑인이 공부하는 것은 그리 쉬운 일은 아니었다. 도리어 그녀가 흑인이므로 우대를 받아 그 학교에 입학한 것이라며 공공연히 무시하는 분위기 속에서 공부해야 했다. 그녀가 쓴 졸업 논문 제목이 '프린스턴 대학교의 흑인 졸업생들과 흑인 공동체'인 것만 보아도 미셸은 인종의 차이에 관해 전문적으로 관찰을 했으며, 실제로 체험한 것이 분명하다. 대학교에서 사회학을 전공하고, 특히 흑인 문제에 대해 연구한 경험은 그녀가 오바마의 선거 운동을 전문적이고도 적극적으로 도울 수 있도록 하는 밑거름이 되었다.

프린스턴 대학교를 졸업한 미셸은 하버드 로스쿨에 입학하여 교수들의 특별한 인정을 받으며 1988년에 법학 석사 학위를 받았다. 그 후 그녀는 사회적으로 성공하기에는 불리한 흑인이며 여성이라는 한계를 극복하고 자신의 고향인 시카고의 유명한 대형 법무 법인 사무실인 '시들리&오스틴'에 취직해서 변호사로 일하였다. 주어진 환경이 어떠하든 마음만 먹으면 얼마든지 뚫을 수 있음을 엿볼 수 있는 대목이라 할 수 있다.

미셸이 오바마를 만난 것은 바로 그 사무실에서이다. 오바마가 인턴으로 같은 사무실에서 일하게 되면서 둘은 자연스럽게 만나게 되었다. 미셸은 오바마를 만나면서 정신적으로, 또 사상적으로 하나의 전환점을 맞이하게 되었다. 그러나 처음에는 오바마의 특이한 삶 등으로 남녀로 만나는 것이 미셸은 편하게 느껴지지 않았다.

그래서 오바마와의 관계를 다시 생각해볼 즈음 그를 따라 흑인들의 지역 모임에 몇 번 갔던 것이 생각을 되돌리는 계기가 되었다. 그곳에서 오바마는 흑인 지역 사회가 이렇게 이대로 살아갈 수는 없고 어떤 변화를 해야 하며, 특히 젊은이들에게 변화의 희망을 불어넣어야 한다고 연설했다. 미셸은 오바마의 강연에 큰 감동을 받고 그에 대해서 다시 생각하게 되었다.

그러던 중 미셸은 아버지와 한 친구의 죽음을 맞이하면서 학교, 직장 등에서 성공적인 커리어를 위해 달려온 자신의 삶을 돌아보게 되었다. 그리고 의미 있는 삶이 어떠한 것인가에 대해서 곰곰이 생각해보게 되었다. 미셸의 삶에서 오바마는 진정 어떻게 살아야 하는가에 대해 길을 보여준 고마운 동행자였다.

큰 키와 늘씬한 몸매에 정장과 블라우스를 멋지게 받쳐 입은 세련된 모습과 커리어우먼으로서 몸에 밴 매너는 오바마가 미셸에게 여성으로서 관심을 가지기에 충분했다. 오바마는 미셸이 얼굴을 활짝 펴고 한바탕 웃음을 터뜨릴 때면 그 웃음에 빠져들었고, 때로 차분한 태도로 자신을 바라보는 미셸의 검은 눈동자에 거부할 수 없는 힘을 느꼈다.

오바마와는 달리 미셸은 순수 흑인 가정에서 일반 흑인이 직면하는 모든 인종적인 문제를 겪으며 성장했다. 미셸의 아버지가 젊은 나이에 병이 들었기 때문에 온 가족이 아버지를 돌보아야 했지만, 그 가운데서도 그들은 평온한 가정을 이루고 있었다. 오바마는 자신이 체험한 가정과 다른 가정 분위기에서 자라난 미셸에게 더욱 마음이 끌렸다. 물론 미셸도 자신과 다른 환경에서 태어나서 성장한 오바마가 자신과 또 다른 면이 있기 때문에 그에게 이끌렸다.

1992년 오바마와 결혼할 즈음 미셸은 법률회사를 그만두고 본격적으로 지역 사회 봉사 활동을 시작하면서 다가올 경제적인 문제로 고민하게 되었다. 그때 오바마는 보람 있는 일을 하면서 함께 돈을 벌면 적은 액수지만 한 가족이 살 수 있지 않겠느냐고 미셸을 설득했다. 그 설득에 힘입어 그녀는 법률사무소를 그만두고 본격적으로 사회 사업을 시작했다. 그들에게는 결국 돈보다는 더 중요한 것이 있었기 때문이다.

미셸은 여러 가지 사회 분야에서 당당하게 자신의 역할을 담당하였다. 특히 시카고에서는 청년지도자훈련국장과 커뮤니티프로그램국장으로 근무했다. 또한 비영리단체에서 청년지도자를 양성하기도 하고, 시카고 대학교에서 의학을 전공한 의사들을 빈민 지역에 파견하는 프로그램을 진행하기도 했다. 미셸은 오바마를 도와서 선거 유세에 적극적으로 나서기 전까지는 시카고 의대에서 지역 사회 담당 부총장을 지냈다. 그녀는 그 직업으로 연봉 2~3억 원을 받고 있었지만, 오바마의 선거에 집중하기 위해 그만 두었다.

오바마가 백악관 주인이 되기를 꿈꾸듯이 어느새 미셸도 백악관 안주인이 되는 꿈을 구체적으로 꾸게 되었다. 그런 인정받는 직업을 과감하게 던져버린 것은 다음 단계의 꿈을 이루기 위함일 것이다. 우리는 때로 손에 잡고 있는 것을 놓지 않으려 하다가 진정 잡아야 할 것을 놓쳐 버리는 실수를 하기도 한다. 그러나 미셸은 자신이 무엇을 잡아야 하며, 그것을 잡기 위해서는 무엇을 놓아야 하는지 아는 똑똑한 여자이다.

미셸은 노련한 선거 전문가들이 있는 오바마 캠프에서 최고의 전략 참모이자 연설자로 꼽힌다. 오바마는 2004년에 있었던 민주당 전당 대회의 기조 연설을 준비하던 중 너무 떨려서 가슴이 막힐 것 같다고 미셸에게 말했다. 그때 미셸은 남편의 두 눈을 똑바로 쳐다보며 남편을 꽉 껴안고는 큰 소리로 유머러스하게 용기를 주는 말을 했다. 그 말에 둘은 함께 웃음을 터뜨렸고 오바마의 긴장은 풀렸다. 연설을 끝낸 오바마에게 달려가 포옹하면서 격려하고 곁을 떠나지 않고 지켜준 것도 미셸이었다. 그날 연설은 오바마를 정치계의 떠오르는 스타로 만들었다. 그렇게 미셸은 유머 감각과 용기와 어떤 문제든 정면으로 돌파하는 힘과 기지가 반짝이는 여인이자 오바마의 동행인이다.

오바마가 대통령 출마를 선언했을 때만 해도 흑인들은 그를 적극적으로 지지하지 않고 지켜보고만 있었다. 오바마에게 쉽사리 마음을 열지 않는 사람들을 그에게로 이끌어내는 데 결정적인 역할을 한 사람은 바로 미셸이다.

미셸은 특히 오바마가 대선 열기에 휘말려서 자기 자신을 잃지 않기를 간절히 바란다. 군중의 인기를 받다가 한 순간 내동댕이쳐지는 인기인들과 같이 되지 않았으면 하는 바람이 오바마에 대한 미셸의 진정한 사랑이다. 그래서 그녀는 오바마가 대통령에 도전하는 사람으로서 대중의 관심을 한 몸에 받고 있지만, 어디까지나 한 아내의 남편이고 두 딸의 아버지라는 것을 잊지 않도록 여러 가지 방법으로 알려준다. 그것이 오바마가 불어오는 대세의 바람에 흔들리지 않게 하는 방법이라고 미셸은 생각하기 때문이다.

오바마가 대통령이 되지 않는다면 그를 환호하던 대중은 한순간에 그를 떠나버릴 수 있다. 미셸은 그럴 수도 있는 것이 사람의 일임을 오바마에게 늘 각인시켜주고 있다. 그리고 오바마가 대선에서 실패하더라도 항상 그를 기다리는 가족이 있음을 잊지 않게 한다. 어떠한 경우에도 자신에게 등을 돌리지 않고 끊임없이 지지하며 사랑하는 사람들이 있다는 것, 그것을 느끼게 하는 것이 바로 사람으로 하여금 자신감 있게 앞으로 전진하게 하는 힘이 될 것이다.

미셸은 백악관의 안주인이 되는 것에만 눈이 어두워서 앞뒤를 보지 않고 달리지는 않는다. 일이 잘 될 경우와 되지 않을 경우를 염두에 두고 모든 준비를 하면서 달리고 있다. 그것이 바로 제 1인자를 곁에서 지원하는 제 2인자가 해야 할 일이다. 미셸은 그 역할을 충실히 하기 위해 가정의 소중함과 오바마라는 한 인간이 얼마나 중요한지를 거듭 상기시킨다.

오바마가 자신의 존재를 잊지 않는 것은 정말로 중요하다. 그래야 대통령이 되는 것에만 혈안되지 않고 진정으로 국민들이 원하는 것이 무엇인지 생각할 수 있는 감각을 잃지 않을 수 있다.

미셸과 오바마는 선거전으로 너무나 바쁜 일정 가운데서도 두 딸을 포함해서 한 가족이 함께 하는 시간을 보내려고 노력한다. 미셸은 가능하다면 두 딸을 유세장에 데리고 가서 함께 오바마의 연설을 들으며 지원한다. 될 수 있으면 가족이 함께 하고, 자녀들에게 아버지가 어떠한 사람인지 느끼며 아버지의 존재와 손길을 가깝게 접할 수 있도록 해주기 위해서이다. 미셸은 밸런타인데이에 오바의 유세와 자신의 지지 유세를 모두 최소시켜버리고 시카고에서 가족과 함께 시간을 보낼 정도로 가족간의 화목을 중요하게 여긴다.

미셸은 인간적으로 성공한 사람이라고 생각한다. 그녀는 자신이 서 있는 자리가 어디인지를 알고, 자신이 향해야 할 곳을 넓은 시야로 바라보며 가고 있기 때문이다. 무엇을 이루었다는 것만으로 성공한 사람이라 말할 수는 없다. 자신에게 주어진 삶의 키를 잡고 있는 사람이 진정으로 성공한 사람일 것이다.

미셸이 삶의 키를 잡고 있다는 것은 그녀가 살아온 과거와 대선을 준비하는 그녀의 태도에서 분명히 알 수 있다. 미셸은 오바

마의 아내로서뿐 아니라 미셸이라는 한 인간으로서 자신의 위치도 분명히 한다. 그녀는 보이지 않는 남편의 그림자가 되거나 남편의 뒤에 숨거나 뒤로 물러나서 베일에 쌓여 있는 아내의 모습을 택하지 않는다. 오바마가 대통령에 도전하듯이 그녀는 영부인에 도전한다. 그래서 미셸은 오바마만큼 돌풍을, 아니, 어쩌면 오바마보다 더 검은 돌풍을 일으키고 있는지도 모른다.

미셸 대 힐러리의 시대를 준비하라

힐러리 곁에는 클린턴이 있고, 오바마 곁에는 미셸이 있다. 이 네 사람은 여성과 남성, 흑인과 백인의 재미있는 구도를 이루고 있다. 힐러리는 남성이 압도하는 정치계에서 여성으로서 엄청난 영향력을 발휘하고 있다. 그리고 여성이기 때문에 여성의 표를 많이 얻고 있기도 하다. 그러나 힐러리보다 더 가정적이고 더 여성적인 미셸이 등장함으로써 힐러리의 여성성은 힘을 잃는 듯하다. 미셸이 여성의 표를 오바마 쪽으로 많이 흘러가게 하고 있기 때문이다. 미셸은 2006년 뉴욕의 월간지 〈에센스〉가 선발하는 세계에서 가장 유망한 전문직 여성 25인 중 하나로 뽑히고, 유명 잡지인 〈Vanity Fair〉가 선정한 2007년 세계 여성 베스트 드레서 10인 중의 하나로 뽑힐 정도로 여성계에서도 두드러진 인물이다.

　미셸은 의도적으로 아내로서 자신의 여성상을 두드러지게 하고 반대로 힐러리의 여성상을 약화시키는 전략을 사용하고 있다. 미셸은 카리스마 넘치는 모습으로 사람들 앞에 나타나는 힐러리와는 대조적으로 동네에서 쉽게 마주친 적이 있거나 마주칠 것 같은 여느 여인과 같은 모습으로 유세장에 나타나는 때가 많다. 자신의 두 딸을 양손에 잡고 보통 아주머니의 차림새를 하고 나타나는 것이 좋은 예이다.

　대통령 선거전에는 후보의 아내는 될 수 있으면 전면에 나타나지 않는 것이 지금까지 추세이다. 그것은 한국도, 미국도 마찬가지이다. 그러나 미셸은 좀 다르다. 남편의 선거전에 적극적으로 앞장 서서 모습을 드러내고 있다. 그런 예가 없기 때문에 미셸의 등장에 미국이 어쩌면 신선한 충격을 받고 관심과 사랑을 보내고 있는지도 모른다.

　힐러리가 대통령이 되든, 되지 않든 4년 후에 대통령 선거에 다시 출마한다고 가정해보자. 그때 미셸이 대통령 선거에 출마한다면 어떻게 될까? 클린턴이 힐러리를 지원하는 것처럼 오바마는 미셸을 지원할 것이고, 재미있는 대결 구도가 만들어질 것이다. 그것은 단지 가정에 지나지 않지만, 불가능하다고만 생각할 것도 아니다. 그만큼 미셸이 많은 대중 앞에 드러나 있고, 많은 인기를 얻고 있기 때문이다.

　미셸과 힐러리가 비슷한 점이 많은 것은 재미있는 대목이다.

둘 다 로스쿨 출신으로 변호사로 활동했고, 둘 다 법이라는 공통점을 갖고 남편을 만났다. 힐러리는 클린턴을 법대에서 만났고, 미셸은 오바마를 법률사무소에서 만났다. 두 딸의 엄마인 것도 같고, 대통령이었거나 대통령을 꿈꾸는 남편이 있는 것도 같다.

그러나 둘 사이에 다른 점도 많다. 미셸은 사실 정치를 별로 좋아하지 않았다는 것이고, 힐러리는 정치에 지대한 관심을 갖고 있었다는 것이다. 힐러리는 스스로 상원의원으로서 정치인의 길을 걸었고, 클린턴이 대통령에 출마했을 때 정치적으로 도와주었다. 그와는 대조적으로 미셸은 오바마가 대통령에 출마하는 것조차 처음에는 달가워하지 않았다. 그래서 오바마가 선거 유세를 시작할 때도 자신이 하던 일을 계속하며 유세장에도 잘 나가지 않았다. 그러나 본격적으로 선거전에 돌입한 지금은 자신의 모든 것을 던져버리고 남편을 돕고 있다.

미셸과 힐러리는 대선에 접근하는 방법과 추구하는 이미지도 다르다. 힐러리는 오랫동안 정치계에 몸담아온 정치적인 전문가의 이미지로 사람들의 신뢰를 이끌어낸다. 반면, 미셸은 아주 평범한 사람으로 사람들에게 다가간다. 미셸은 시카고 흑인 빈민가 출신으로 자신이 살아온 어려운 삶에 대해 말한다. 대학을 다니면서 늘 학비를 마련하지 못하여 전전긍긍하고, 그때 받은 학자금 융자를 최근에야 다 갚을 수 있었다고 진솔하게 자신의 지난 날을 이야기한다. 힐러리가 높은 곳에서 대중을 바라보는 이미지를 갖고 있다면, 미셸은 낮은 곳에서 대중과 함께 하는, 힐러리와는 차별화된 이미지 전략을 쓴다고 볼 수 있다.

미셸이 대학에 들어갈 때 입학 상담관은 그 대학에 들어오는 것을 포기하라고 했다. 성적이 못 미친다는 것이 이유였다. 그러나 미셸은 목표를 세워 최선을 다했기 때문에 도전했다. 그리고 자신에게 할 수 없을 것이라고 말했던 사람들의 생각을 뒤집어엎었다. 자신이 원하는 것을 이루어낸 것이다.

그렇게 미셸은 어려운 환경 속에서 이루어낸 자신의 성공 스토리를 말해줌으로써 사람들에게 도전 정신과 희망의 빛을 비추어 준다. 자신에게 도전과 희망을 주는 사람에게 환호하지 않을 사람은 없을 것이다.

미셸은 직접적으로 힐러리에 대한 자신의 감정을 표현하거나 평가하거나 언급하지 않는다. 그러나 인터뷰 등을 통해서 간접적으로 나타내기도 한다. 한 번은 인터뷰에서 힐러리에 대해 긍정적인 감정을 드러내었는데, 오바마가 대통령이 되면 힐러리는 부통령 후보의 제 1 순위가 될 것이라고 말했다. 또 다른 인터뷰에서는 힐러리에 대한 미묘한 감정을 나타내기도 했다. 만약 힐러리가 민주당 대통령 후보가 된다면 그녀가 대통령이 되도록 지지하겠느냐는 질문을 받았을 때 미셸은 그런 경우 한번 생각해볼 문제라고 답했다.

아무튼 오바마가 미국 최초의 흑인 대통령이 되면 미국은 또한

미국 최초의 흑인 퍼스트레이디를 얻게 된다. 미셸은 분명 흑인 대통령의 적극적인 지지자이면서도 그가 미국에 대한 자신의 비전을 이룰 수 있도록 돕는 퍼스트레이디가 될 것이다. 그리고 어쩌면 정말로 45대 미국 대통령 선거에서 힐러리와 한판 승부를 펼치게 될지 아무도 모를 일이다.

미셸의 대통령 남편 만들기 작전

미셸은 민주당 경선이 시작되기 전까지만 해도 사람들의 관심을 받지 않았고, 그녀도 자신이 주시받기를 원하지 않았다. 처음에는 남편인 오바마가 경선에 나가는 것조차 찬성하지 않았으니 지극히 당연한 일일 것이다. 아내 힐러리를 적극적으로 돕고 있던 클린턴 전 대통령과는 완전히 비교가 된다.

그러나 경선이 중반을 지나가면서 미셸은 이왕에 시작된 바에야 남편을 대통령으로 만들기로 작정했다. 그 후부터는 적극적으로 남편 오바마의 경선을 돕기 시작했다. 오프라 윈프리 쇼나 래리 킹 라이브 등 TV 방송에 출연하기도 하고, 남편의 유세장 무대에 자녀들과 함께 멋진 모습으로 서기도 했다. 또 직접 유세 연설을 하기도 하면서 오바마의 강력한 지지자로서 맹렬한 활약을 하고 있다.

사람들은 유세장에서 미셸을 보고 신선한 느낌을 받는다. 키가

크고 날씬하여 모델과 같은 모습을 한 그녀는 자세도 당당하고, 몸짓에도 절도가 있다. 외적인 인상과 자세는 입으로 하는 말보다 더 강력한 작용을 한다. 말보다 더 빨리, 더 강력하게 그 사람이 무엇을 원하는지, 어떤 사람으로 보이기를 원하는지, 상대를 어떻게 생각하는지 나타내준다.

미셸은 모습에서뿐 아니라 말솜씨 또한 누구에게도 뒤지지 않는다. 자신의 이야기를 진솔하게 드러냄으로써 감성에 호소할 줄도 알고, 유머로 시선을 끌 줄도 안다. 또 교육 문제나 이라크 문제 등 오바마가 대선 공약으로 내세우는 사항들에 대해 자신의 견해를 잘 정리해서 사람들을 설득할 줄도 안다.

사실 미셸은 어렸을 때부터 언변을 길렀으므로 지금의 역할을 할 수 있는 준비가 되어 있었는지도 모른다. 그녀의 부모님은 자녀들에게 하루에 한 시간 이상은 텔레비전을 보지 못하게 했다고 한다. 대신에 독서를 많이 하고, 가족들이 둘러앉아서 어떤 주제를 두고 토론을 자주하게 했다. 미셸은 그러한 과정을 통해서 자신이 생각하는 것을 정확하게 언어로 표현할 수 있는 능력이 길러졌다. 성장 과정 동안 자신이 미래에 어떠한 일을 하게 될지 구체적으로 몰랐을지라도 이미 오래 전부터 준비가 되어 온 것을 볼 수 있다.

미셸은 자신만의 독특한 방법으로 오바마가 대통령이 되는 것을 돕고 있다. 그러나 그의 그림자 역할만 하지는 않을 것이라는 의지를 보인다. 그녀는 자신만의 독특함을 갖기 원한다. 특히 연설할 때 다른 사람의 말을 하지 않는다. 자신의 말을 할 뿐이다. 자신의 체험과 자신이 관찰하고 느낀 것을 말한다. 그렇게 함으로써 오바마 곁에 선 당당한 한 독자적인 인간으로서 미셸을 보여준다.

미셸은 오바마 캠프에 직접 참여한다. 선거 전략 회의에도 참석해서 자신이 무엇을 원하는지 의사를 분명히 밝히고 원하는 것을 꼭 이루어낸다. 오바마 캠프에서는 미셸이 오바마를 지지하지 않거나 지지하기를 망설이고 있는 사람을 끝까지 설득하는 재능이 누구보다 탁월하다고 소문이 나있다.

미셸은 이미지가 선거에서 얼마나 중요한지를 잘 알고 있다. 그래서 자신의 이미지는 물론 오바마의 이미지 관리에도 철저하게 신경쓴다. 그녀는 이미지를 구성하는 것으로는 외적인 면도 중요하지만, 어떤 말을 하느냐 하는 것도 중요하다는 것을 알고 있다. 때로 오바마를 충실한 가장으로 표현하는 것도, 여느 남편과 다름없는 일상적인 습관에 대해 말하는 것도 모두가 오바마의 이미지를 대중과 친근하도록 만들기 위한 전략이다. 목적은 오바마의 지지층을 확대하여 최대한 대통령 자리에 가깝게 접근하기 위해서이다.

때로 미셸은 오바마와 함께 다니지 않고 혼자서 선거 유세를 하기도 한다. 자신이 유세의 주인공이 되는 것이다. 캘리포니아

주립대에서 선거 유세를 할 때 미셸은 오바마를 지원하는 쟁쟁한 인물들, 이를테면 존 F. 케네디 전 대통령의 딸인 캐롤라인 케네디와 그 유명한 오프라 윈프리, 그리고 캘리포니아 주지사의 부인을 비롯한 쟁쟁한 여성 인사들을 대동했다. 그들과 함께 당당한 모습으로 무대에 오른 오바마는 그들에게 힘입어 지지자들의 엄청난 환호를 한 몸에 받기도 했다.

무엇보다 흑인들의 지지를 이끌어내고, 흑인 지지층을 굳건하게 하는 데 지대한 역할을 하는 것은 미셸이라고 할 수 있다. 오바마는 흑백의 혼혈이지만, 그녀는 순수 흑인이다. 흑인의 입장에서 보면 오바마는 백인의 피가 섞여 있기 때문에 순수하게 자신들의 입장을 공감할 수 있을까 하는 의구심이 들 수 있다. 그러한 간격을 미셸이 메워주고 있다.

오바마는 경선에 출마할 당시 살해 협박을 받기도 했는데, 근래에 와서는 그가 대통령이 되면 암살당할 것이라는 소문이 돌자 미셸은 오바마가 공식적인 비밀 신변 경호를 받을 수 있도록 노력했다.

미셸은, 존 F. 전 대통령의 아내로서 엄청난 국민의 사랑과 관심을 한 몸에 받았고 미국인들의 기억 속에 강하고도 아름다운 재클린과 비교하는 사람들이 많을 정도로 대중의 관심을 받고 있다. 재클린이 케네디와 함께 백악관으로 들어간 것처럼 미셸이 오바마와 함께 백악관으로 들어갈지는 잠깐 더 두고 보아야

할 일이다. 그러나 미셸이 남편 오바마를 백악관으로 이끄는 데
지대한 영향력을 발휘하고 있는 것만은 의심할 여지가 없다. 미
셸이 과연 남편을 대통령으로 만드는 데 성공할지 지켜보도록
하자.

꿈을 위한 시간

★ 당신 곁에 있는 사람을 산 정상으로 이끌고 가라. 그러면 당신도 산 정상에 있게 될 것이다.

★ 당신의 꿈에 돌풍을 일으켜라. 당신의 주변이 함께 꿈을 꾸게 될 것이다. 두 사람의 힘이 한 사람의 힘보다 더 크기 때문이다.

★ 주변 인물이 되는 것을 단호히 거부하라. 자신의 꿈을 이루기 위해 주인공이 되라.

에필로그

오바마가 미국 대통령에 출마하겠다는 선언을 하면서 세계인의 이목이 집중되기 시작할 즈음에 오바마에 대한 집필을 의뢰받았다. 그에 대해 집중적인 관심을 갖고 한국, 미국, 독일 등에서 출간된 그에 관한 책들과 기사들과 인터뷰 내용들과 연설들을 접하면서 결코 평범하지 않은 한 인물의 인간 승리에 가까운 성공 스토리를 보았다. 그리고 오바마는 지금까지 필자가 책을 통해 전하고자 했던 메시지인 열등감 해결과 자존감 회복, 비전과 꿈, 성장과 변화의 과정을 자신의 삶에서 가장 성공적으로 이루어낸 인물 중 하나임을 발견했다.

오바마의 삶에 관한 이야기는 한 인간의 이야기인 동시에 미국이라는 한 국가의 이야기이고, 어쩌면 이 세계의 이야기를 축소한 것일지도 모른다. 미국이 오바마를 배출한 것은 미국의 성장 잠재력을 말하는 것이고, 세계가 그를 주목하기에 이른 것은 세계의 변화 잠재력을 말하는 것이라고 생각한다. 오바마가 미국을 향해 통합과 희망의 메시지를 던지고 있고, 미국뿐 아니라 세계 속에 그 발을 딛고 있기 때문이다.

필자는 한 나라에서 소수 민족으로 살아가는 것이 무엇을 의미하는지 체험하여 잘 알고 있다. 독일에서 십수 년 세월 동안 몸담고 있으면서 그곳이 제 2의 고향이라고 아무리 주장해도 결국 그곳에서 나는 이방인일 수밖에 없었다. 아무리 5천 년 전통을 자랑하는 '해가 뜨는 동방의 아름다운 나라'에서 왔다고 자부심을 가지려고 해도 나는 이방인일 따름이었다.

소수 민족으로서, 이방인으로서, 정체성에 대한 갈등과 열등감과 자존감 상실로 허우적대면서 나락으로 빠지던 사람도 필자는 알고 있고, 그 모든 환경적 문제와 갈등을 뛰어넘어 굳건하게 자신의 길을 가면서 결국 꿈을 이루어내는 사람도 보았다. 성공은 결코 주변 환경에 달려있지 않고, 그 상황을 어떻게 생각하며, 그 상황 속에서 무엇을 배우며, 꿈을 이루기 위해 그 상황을 최상의 것으로 이끌어내느냐에 달려있다.

이제 오바마는 대통령이 되든, 되지 않든 자신의 환경을 딛고 일어나 승리하고 성공한 인간이 되었다. 그에게는 꿈과 비전이 있다. 그 꿈과 비전은 자신의 정체성에 대한 갈등과 고통이 있었기에 가질 수 있었고, 그것을 이겨낼 내적 힘이 있었기에 이룰 수 있었다. 성공을 이루는 내적인 힘이 바로 이 책에서 말하고자 하는 핵심 주제이다.

그 성공의 힘으로 오바마는 또 다시 다른 사람들에게 꿈을 심어주고 있다. 케네디 대통령이 그랬던 것처럼, 링컨 대통령이 그랬던 것처럼, 또 킹 목사가 그랬던 것처럼 그는 미국과 세계의 역사 속에 꿈을 심어주는 한 알의 씨앗이 될 것이다.

신상만 · 김선민 지음 / 4×6배판 변형 / 196쪽 / 11,000원

알기 쉬운 심장병 119
박승정 지음 / 신국판 / 248쪽 / 9,000원

알기 쉬운 고혈압 119
이정균 지음 / 신국판 / 304쪽 / 10,000원

여성을 위한 부인과질환의 예방과 치료
차선희 지음 / 신국판 / 304쪽 / 10,000원

알기 쉬운 아토피 119
이승규 · 임승엽 · 김문호 · 안유일 지음 / 신국판 / 232쪽 / 9,500원

120세에 도전한다
이권행 지음 / 신국판 / 308쪽 / 11,000원

건강과 아름다움을 만드는 요가
정판식 지음 / 4×6배판 변형 / 224쪽 / 14,000원

우리 아이 건강하고 아름다운 롱다리 만들기
김성훈 지음 / 대국전판 / 236쪽 / 10,500원

알기 쉬운 허리디스크 예방과 치료
이종서 지음 / 대국전판 / 336쪽 / 12,000원

소아과 전문의에게 듣는 알기 쉬운 소아과 119
신영규 · 이강우 · 최성항 지음 / 4×6배판 변형 / 280쪽 / 14,000원

피가 맑아야 건강하게 오래 살 수 있다
김영찬 지음 / 신국판 / 256쪽 / 10,000원

웰빙형 피부 미인을 만드는 나만의 셀프 피부건강
양해원 지음 / 대국전판 / 144쪽 / 10,000원

내 몸을 살리는 생활 속의 웰빙 항암 식품
이승남 지음 / 대국전판 / 248쪽 / 9,800원

마음한글, 느낌한글
박완식 지음 / 4×6배판 / 300쪽 / 15,000원

웰빙 동의보감식 발마사지 10분
최미희 지음 / 신재용 감수 / 4×6배판 변형 / 204쪽 / 13,000원

아름다운 몸, 건강한 몸을 위한 목욕 건강 30분
임하성 지음 / 대국전판 / 176쪽 / 9,500원

내가 만드는 한방생주스 60
김영섭 지음 / 국판 / 112쪽 / 7,000원

몸을 살리는 건강식품
백은희 · 조창호 · 최양진 지음 / 신국판 / 384쪽 / 11,000원

건강도 키우고 성적도 올리는 자녀 건강
김진돈 지음 / 신국판 / 304쪽 / 12,000원

알기 쉬운 간질환 119
이관식 지음 / 신국판 / 264쪽 / 11,000원

밥으로 병을 고친다
허봉수 지음 / 대국전판 / 352쪽 / 13,500원

알기 쉬운 신장병 119
김형규 지음 / 신국판 / 240쪽 / 10,000원

마음의 감기 치료법 우울증 119
이민수 지음 / 대국전판 / 232쪽 / 9,800원

관절염 119
송영욱 지음 / 대국전판 / 224쪽 / 9,800원

내 딸을 위한 미성년 클리닉
강병문 · 이향아 · 최정원 지음 / 국판 / 148쪽 / 8,000원

암을 다스리는 기적의 치유법
케이 세이헤이 감수 / 카와키 나리카즈 지음 / 민병수 옮김
신국판 / 256쪽 / 9,000원

스트레스 다스리기
대한불안장애학회 스트레스관리연구특별위원회 지음
신국판 / 304쪽 / 12,000원

천연 식초 건강법 건강식품연구회 엮음 / 신재용(해성한의원 원장) 감수
신국판 / 252쪽 / 9,000원

암에 대한 모든 것
서울아산병원 암센터 지음 / 신국판 / 360쪽 / 13,000원

알록달록 컬러 다이어트
이승남 지음 / 국판 / 248쪽 / 10,000원

당신도 부모가 될 수 있다
정병준 지음 / 신국판 / 268쪽 / 9,500원

키 10cm 더 크는 키네스 성장법 김양수 · 이종균 · 최형규 · 표재환 · 김문희 지음
대국전판 / 312쪽 / 12,000원

당뇨병 백과
이현철 · 송영득 · 안철우 지음 / 4×6배판 변형 / 396쪽 / 16,000원

호흡기 클리닉 119
박성학 지음 / 신국판 / 256쪽 / 10,000원

키 쑥쑥 크는 롱다리 만들기
롱다리 성장클리닉 원장단 지음 / 4×6배판 변형 / 256쪽 / 11,000원

내 몸을 살리는 건강식품
백은희 · 조창호 · 최양진 지음 / 신국판 / 368쪽 / 11,000원

내 몸에 맞는 운동과 건강
하철수 지음 / 신국판 / 264쪽 / 11,000원

교 육

우리 교육의 창조적 백색혁명
원상기 지음 / 신국판 / 206쪽 / 6,000원

현대생활과 체육
조창남 외 5명 공저 / 신국판 / 340쪽 / 10,000원

퍼펙트 MBA IAE유학네트 지음 / 신국판 / 400쪽 / 12,000원

유학길라잡이 Ⅰ-미국편
IAE유학네트 지음 / 4×6배판 / 372쪽 / 13,900원

유학길라잡이 Ⅱ - 4개국편
IAE유학네트 지음 / 4×6배판 / 348쪽 / 13,900원

조기유학길라잡이.com
IAE유학네트 지음 / 4×6배판 / 428쪽 / 15,000원

현대인의 건강생활
박상호 외 5명 공저 / 4×6배판 / 268쪽 / 15,000원

천재아이로 키우는 두뇌훈련
나카마츠 요시로 지음 / 민병수 옮김 / 국판 / 288쪽 / 9,500원

두뇌혁명
나카마츠 요시로 지음 / 민병수 옮김 / 4×6판 양장본 / 288쪽 / 12,000원

테마별 고사성어로 익히는 한자
김경익 지음 / 4×6배판 변형 / 248쪽 / 9,800원

生생 공부비법 이은승 지음 / 대국전판 / 272쪽 / 9,500원

자녀를 성공시키는 습관만들기
배은경 지음 / 대국전판 / 232쪽 / 9,500원

한자능력검정시험 1급
한자능력검정시험연구위원회 편저 / 4×6배판 / 568쪽 / 21,000원

한자능력검정시험 2급
한자능력검정시험연구위원회 편저 / 4×6배판 / 472쪽 / 18,000원

한자능력검정시험 3급(3급II)
한자능력검정시험연구위원회 편저 / 4×6배판 / 440쪽 / 17,000원

한자능력검정시험 4급(4급II)
한자능력검정시험연구위원회 편저 / 4×6배판 / 352쪽 / 15,000원

한자능력검정시험 5급
한자능력검정시험연구위원회 편저 / 4×6배판 / 264쪽 / 11,000원

한자능력검정시험 6급
한자능력검정시험연구위원회 편저 / 4×6배판 / 168쪽 / 8,500원

한자능력검정시험 7급
한자능력검정시험연구위원회 편저 / 4×6배판 / 152쪽 / 7,000원

한자능력검정시험 8급
한자능력검정시험연구위원회 편저 / 4×6배판 / 112쪽 / 6,000원

볼링의 이론과 실기 이택상 지음 / 신국판 / 192쪽 / 9,000원

고사성어로 끝내는 천자문
조준상 글 · 그림 / 4×6배판 / 216쪽 / 12,000원

내 아이 스타 만들기
김민성 지음 / 신국판 / 200쪽 / 9,000원

교육 1번지 강남 엄마들의 수험생 자녀 관리
황송주 지음 / 신국판 / 288쪽 / 9,500원

초등학생이 꼭 알아야할 위대한 역사 상식
우진영 · 이양경 지음 / 4×6배판 변형 / 228쪽 / 9,500원

초등학생이 꼭 알아야 할 **행복한 경제 상식**
우진영 · 전선심 지음 / 4×6배판 변형 / 224쪽 / 9,500원

초등학생이 꼭 알아야 할 **재미있는 과학상식**
우진영 · 정경희 지음 / 4×6배판 변형 / 220쪽 / 9,500원

한자능력검정시험 3급 · 3급II
한자능력검정시험연구위원회 편저 / 4×6판 / 380쪽 / 7,500원

교과서 속에 꼭꼭 숨어있는 **이색박물관 체험**   이신화 지음
대국전판 / 248쪽 / 12,000원

초등학생 독서 논술(저학년)   책마루 독서교육연구회 지음
4×6배판 변형 / 244쪽 / 14,000원

초등학생 독서 논술(고학년)   책마루 독서교육연구회 지음
4×6배판 변형 / 236쪽 / 14,000원

놀면서 배우는 경제
김솔 지음 / 대국전판 / 196쪽 / 10,000원

건강생활과 레저스포츠 즐기기
강선희 외 11명 공저 / 4×6배판 / 324쪽 / 18,000원

아이의 미래를 바꿔주는 **좋은 습관**
배은경 지음 / 신국판 / 216쪽 / 9,500원

취미 · 실용

김진국과 같이 배우는 **와인의 세계**
김진국 지음 / 국배판 변형양장본(올 컬러판) / 208쪽 / 30,000원

경제 · 경영

CEO가 될 수 있는 성공법칙 101가지
김승룡 편역 / 신국판 / 320쪽 / 9,500원

정보소프트   김승룡 지음 / 신국판 / 324쪽 / 6,000원

기획대사전   다카하시 겐코 지음 / 홍영의 옮김
신국판 / 552쪽 / 19,500원

맨손창업 · 맞춤창업 BEST 74
양혜숙 지음 / 신국판 / 416쪽 / 12,000원

무자본, 무점포 창업! FAX 한 대면 성공한다
다카시로 고시 지음 / 홍영의 옮김 / 신국판 / 226쪽 / 7,500원

성공하는 기업의 **인간경영**   중소기업 노무 연구회 편저 / 홍영의 옮김
신국판 / 368쪽 / 11,000원

21세기 IT가 세계를 지배한다
김광희 지음 / 신국판 / 380쪽 / 12,000원

경제기사로 부자아빠 만들기
김기태 · 신현태 · 박근수 공저 / 신국판 / 388쪽 / 12,000원

포스트 PC의 주역 **정보가전과 무선인터넷**
김광희 지음 / 신국판 / 356쪽 / 12,000원

성공하는 사람들의 **마케팅 바이블**
채수명 지음 / 신국판 / 328쪽 / 12,000원

느린 비즈니스로 돌아가라
사카모토 게이이치 지음 / 정성호 옮김 / 신국판 / 276쪽 / 9,000원

적은 돈으로 큰돈 벌 수 있는 **부동산 재테크**
이원재 지음 / 신국판 / 340쪽 / 12,000원

바이오혁명
이주영 지음 / 신국판 / 328쪽 / 12,000원

성공하는 사람들의 **자기혁신 경영기술**
채수명 지음 / 신국판 / 344쪽 / 12,000원

CFO   교텐 토요오 · 타하라 오키시 지음 / 민병수 옮김
신국판 / 312쪽 / 12,000원

네트워크시대 네트워크마케팅
임동학 지음 / 신국판 / 376쪽 / 12,000원

성공리더의 7가지 조건
다이앤 트레이시 · 윌리엄 모건 지음 / 지창영 옮김
신국판 / 360쪽 / 13,000원

김종결의 **성공창업**
김종결 지음 / 신국판 / 340쪽 / 12,000원

최적의 타이밍에 **내 집 마련하는 기술**
이원재 지음 / 신국판 / 248쪽 / 10,500원

컨설팅 세일즈 *Consulting sales*
임동학 지음 / 대국전판 / 336쪽 / 13,000원

연봉 10억 만들기
김농주 지음 / 국판 / 216쪽 / 10,000원

주5일제 근무에 따른 **한국형 주말창업**
최효진 지음 / 신국판 변형 양장본 / 216쪽 / 10,000원

돈 되는 땅 돈 안되는 땅
김영준 지음 / 신국판 / 320쪽 / 13,000원

돈 버는 회사로 만들 수 있는 109가지
다카하시 도시노리 지음 / 민병수 옮김 / 신국판 / 344쪽 / 13,000원

프로는 디테일에 강하다
김미현 지음 / 신국판 / 248쪽 / 9,000원

머니투데이 송복규 기자의 **부동산으로 주머니돈 100배 만들기**
송복규 지음 / 신국판 / 328쪽 / 13,000원

성공하는 슈퍼마켓&편의점 창업
나명환 지음 / 4×6배판 변형 / 500쪽 / 28,000원

대한민국 성공 재테크 **부동산 펀드와 리츠로 승부하라**
김영준 지음 / 신국판 / 256쪽 / 12,000원

마일리지 200% 활용하기
박성희 지음 / 국판 변형 / 200쪽 / 8,000원

1%의 가능성에 도전, **성공 신화를 이룬 여성 CEO**
김미현 지음 / 신국판 / 248쪽 / 9,500원

3천만 원으로 **부동산 재벌 되기**
최수길 · 이숙 · 조연회 지음 / 신국판 / 290쪽 / 12,000원

10년을 앞설 수 있는 **재테크**
노동규 지음 / 신국판 / 260쪽 / 10,000원

세계 최강을 추구하는 도요타 방식
나카야마 키요타카 지음 / 민병수 옮김 / 신국판 / 296쪽 / 12,000원

최고의 설득을 이끌어내는 **프레젠테이션**
조두환 지음 / 신국판 / 296쪽 / 11,000원

최고의 만족을 이끌어내는 **창의적 협상**
조강희 · 조원희 지음 / 신국판 / 248쪽 / 10,000원

New 세일즈 기법 **물건을 팔지 말고 가치를 팔아라**
조기선 지음 / 신국판 / 264쪽 / 9,500원

작은 회사는 전략이 달라야 산다
황문진 지음 / 신국판 / 312쪽 / 11,000원

돈되는 **슈퍼마켓&편의점 창업전략(입지 편)**
나명환 지음 / 신국판 / 352쪽 / 13,000원

25 · 35 꼼꼼 여성 재테크
정원훈 지음 / 신국판 / 224쪽 / 11,000원

대한민국 2030 독특하게 창업하라
이상헌 · 이호 지음 / 신국판 / 288쪽 / 12,000원

왕초보 주택 경매로 돈 벌기
천관성 지음 / 신국판 / 268쪽 / 12,000원

주 식

개미군단 대박맞이 주식투자
홍성걸(한양증권 투자분석팀 팀장) 지음 / 신국판 / 310쪽 / 9,500원

알고 하자! **돈 되는 주식투자**
이길영 외 2명 공저 / 신국판 / 388쪽 / 12,500원

항상 당하기만 하는 개미들의 매도 · 매수타이밍 **999% 적중 노하우**
강경무 지음 / 신국판 / 336쪽 / 12,000원

부자 만들기 주식성공클리닉
이창회 지음 / 신국판 / 372쪽 / 11,500원

선물 · 옵션 이론과 실전매매
이창회 지음 / 신국판 / 372쪽 / 12,000원

너무나 쉬워 재미있는 주가차트
홍성무 지음 / 4×6배판 / 216쪽 / 15,000원

주식투자 직접 투자로 높은 수익을 올릴 수 있는 비결

김학균 지음 / 신국판 / 230쪽 / 11,000원

역 학

역리종합 만세력 정도명 편저 / 신국판 / 532쪽 / 10,500원
작명대전 정보국 지음 / 신국판 / 460쪽 / 12,000원
하락이수 해설 이천교 편저 / 신국판 / 620쪽 / 27,000원
현대인의 창조적 관상과 수상 백운산 지음 / 신국판 / 344쪽 / 9,000원
대운용신영부적 정재원 지음 / 신국판 양장본 / 750쪽 / 39,000원
사주비결활용법 이세진 지음 / 신국판 / 392쪽 / 12,000원
컴퓨터세대를 위한 **新성명학대전** 박용찬 지음 / 신국판 / 388쪽 / 11,000원
길흉화복 꿈풀이 비법 백운산 지음 / 신국판 / 410쪽 / 12,000원
새천년 작명컨설팅 정재원 지음 / 신국판 / 492쪽 / 13,900원
백운산의 신세대 궁합 백운산 지음 / 신국판 / 304쪽 / 9,500원
동자삼 작명학 남시모 지음 / 신국판 / 496쪽 / 15,000원
구성학의 기초 문길여 지음 / 신국판 / 412쪽 / 12,000원
소울음소리 이건우 지음 / 신국판 / 314쪽 / 10,000원

법률 일반

여성을 위한 **성범죄 법률상식**
조명원(변호사) 지음/ 신국판 / 248쪽 / 8,000원

아파트 난방비 75% 절감방법
고영근 지음 / 신국판 / 238쪽 / 8,000원

일반인이 꼭 알아야 할 절세전략 173선
최성호(공인회계사) 지음 / 신국판 / 392쪽 / 12,000원

변호사와 함께하는 **부동산 경매**
최환주(변호사) 지음 / 신국판 / 404쪽 / 13,000원

혼자서 쉽고 빠르게 할 수 있는 **소액재판**
김재용 · 김종철 공저 / 신국판 / 312쪽 / 9,500원

"술 한 잔 사겠다"는 말에서 찾아보는 채권 · 채무
변환철(변호사) 지음 / 신국판 / 408쪽 / 13,000원

알기쉬운 **부동산 세무 길라잡이**
이건우(세무서 재산계장) 지음 / 신국판 / 400쪽 / 13,000원

알기쉬운 **어음, 수표 길라잡이**
변환철(변호사) 지음 / 신국판 / 328쪽 / 11,000원

제조물책임법
강동근(변호사) · 윤종성(검사) 공저 / 신국판 / 368쪽 / 13,000원

알기 쉬운 **주5일근무에 따른 임금 · 연봉제 실무**
문강분(공인노무사) 지음 / 4×6배판 변형 / 544쪽 / 35,000원

변호사 없이 당당히 이길 수 있는 **형사소송**
김대환 지음 / 신국판 / 304쪽 / 13,000원

변호사 없이 당당히 이길 수 있는 **민사소송**
김대환 지음 / 신국판 / 412쪽 / 14,500원

혼자서 해결할 수 있는 **교통사고 Q&A**
조명원(변호사) 지음 / 신국판 / 336쪽 / 12,000원

알기 쉬운 **개인회생 · 파산 신청법**
최재구(법무사) 지음 / 신국판 / 352쪽 / 13,000원

생활법률

부동산 생활법률의 기본지식
대한법률연구회 지음 / 김원중(변호사) 감수 / 신국판 / 480쪽 / 12,000원
고소장 · 내용증명 생활법률의 기본지식
하태웅(변호사) 지음 / 신국판 / 440쪽 / 12,000원
노동 관련 생활법률의 기본지식
남동희(공인노무사) 지음 / 신국판 / 528쪽 / 14,000원
외국인 근로자 생활법률의 기본지식
남동희(공인노무사) 지음 / 신국판 / 400쪽 / 12,000원

계약작성 생활법률의 기본지식
이상도(변호사) 지음 / 신국판 / 560쪽 / 14,500원
지적재산 생활법률의 기본지식
이상도(변호사) · 조의제(변리사) 공저 / 신국판 / 496쪽 / 14,000원
부당노동행위와 부당해고 생활법률의 기본지식
박영수(공인노무사) 지음 / 신국판 / 432쪽 / 14,000원
주택 · 상가임대차 생활법률의 기본지식
김운용(변호사) 지음 / 신국판 / 480쪽 / 14,000원
하도급거래 생활법률의 기본지식
김진홍(변호사) 지음 / 신국판 / 440쪽 / 14,000원
이혼소송과 재산분할 생활법률의 기본지식
박동섭(변호사) 지음 / 신국판 / 460쪽 / 14,000원
부동산등기 생활법률의 기본지식
정상태(법무사) 지음 / 신국판 / 456쪽 / 14,000원
기업경영 생활법률의 기본지식
안동섭(단국대 교수) 지음 / 신국판 / 466쪽 / 14,000원
교통사고 생활법률의 기본지식
박정무(변호사) · 전병찬 공저 / 신국판 / 480쪽 / 14,000원
소송서식 생활법률의 기본지식
김대환 지음 / 신국판 / 480쪽 / 14,000원
호적 · 가사소송 생활법률의 기본지식
정주수(법무사) 지음 / 신국판 / 516쪽 / 14,000원
新상속과 세금 생활법률의 기본지식
박동섭(변호사) 지음 / 신국판 / 492쪽 / 14,500원
담보 · 보증 생활법률의 기본지식
류창호(법학박사) 지음 / 신국판 / 436쪽 / 14,000원
소비자보호 생활법률의 기본지식
김성천(법학박사) 지음 / 신국판 / 504쪽 / 15,000원
판결 · 공정증서 생활법률의 기본지식
정상태(법무사) 지음 / 신국판 / 312쪽 / 13,000원
산업재해보상보험 생활법률의 기본지식
정유석(공인노무사) 지음 / 신국판 / 384쪽 / 14,000원

처 세

성공적인 삶을 추구하는 여성들에게 **우먼파워**
조안 커너 · 모이라 레이너 공저 / 지창영 옮김
신국판 / 352쪽 / 8,800원

聽 이익이 되는 말 話 손해가 되는 말
우메시마 미요 지음 / 정성호 옮김 / 신국판 / 304쪽 / 9,000원

부자들의 생활습관 가난한 사람들의 생활습관
다케우치 야스오 지음 / 홍영의 옮김 / 신국판 / 320쪽 / 9,800원

코끼리 귀를 당긴 원숭이-히딩크식 창의력을 배우자
강충인 지음 / 신국판 / 208쪽 / 8,500원

성공하려면 유머와 위트로 무장하라
민영욱 지음 / 신국판 / 292쪽 / 9,500원

등소평의 오뚝이전략
조창남 편저 / 신국판 / 304쪽 / 9,500원

노무현 화술과 화법을 통한 이미지 변화
이현정 지음 / 신국판 / 320쪽 / 10,000원

성공하는 사람들의 토론의 법칙
민영욱 지음 / 신국판 / 280쪽 / 9,500원

사람은 칭찬을 먹고산다
민영욱 지음 / 신국판 / 268쪽 / 9,500원

사과의 기술
김농주 지음 / 신국판 변형 양장본 / 200쪽 / 10,000원

취업 경쟁력을 높여라
김농주 지음 / 신국판 / 280쪽 / 12,000원

유비쿼터스시대의 블루오션 전략
최양진 지음 / 신국판 / 248쪽 / 10,000원

나만의 블루오션 전략 - 화술편
민영욱 지음 / 신국판 / 254쪽 / 10,000원

희망의 씨앗을 뿌리는 20대를 위하여
우광균 지음 / 신국판 / 172쪽 / 8,000원

끌리는 사람이 되기위한 이미지 컨설팅
홍순아 지음 / 대국전판 / 194쪽 / 10,000원

글로벌 리더의 소통을 위한 스피치
민영욱 지음 / 신국판 / 328쪽 / 10,000원

오바마처럼 꿈에 미쳐라
정영순 지음 / 신국판 / 208쪽 / 9,500원

명 상

명상으로 얻는 깨달음
달라이 라마 지음 / 지창영 옮김 / 국판 / 320쪽 / 9,000원

어 학

2진법 영어 이상도 지음 / 4×6배판 변형 / 328쪽 / 13,000원

한 방으로 끝내는 영어 고제윤 지음 / 신국판 / 316쪽 / 9,800원

한 방으로 끝내는 영단어 김승엽 지음 / 김수경 · 카렌다 감수 /
4×6배판 변형 / 236쪽 / 9,800원

해도해도 안 되던 영어회화 하루에 30분씩 90일이면 끝낸다
Carrot Korea 편집부 지음 / 4×6배판 변형 / 260쪽 / 11,000원

바로 활용할 수 있는 기초생활영어
김수경 지음 / 신국판 / 240쪽 / 10,000원

바로 활용할 수 있는 비즈니스영어
김수경 지음 / 신국판 / 252쪽 / 10,000원

생존영어55 홍일록 지음 / 신국판 / 224쪽 / 8,500원

필수 여행영어회화 한현숙 지음 / 4×6판 변형 / 328쪽 / 7,000원

필수 여행일어회화 윤영자 지음 / 4×6판 변형 / 264쪽 / 6,500원

필수 여행중국어회화 이은진 지음 / 4×6판 변형 / 256쪽 / 7,000원

영어로 배우는 중국어 김승엽 지음 / 신국판 / 216쪽 / 9,000원

필수 여행스페인어회화 유연창 지음 / 4×6판 변형 / 288쪽 / 7,000원

바로 활용할 수 있는 홈스테이 영어
김형주 지음 / 신국판 / 184쪽 / 9,000원

필수 여행러시아어회화 이은수 지음 / 4×6판 변형 / 248쪽 / 7,500원

레포츠

수열이의 브라질 축구 탐방 삼바 축구, 그들은 강하다
이수열 지음 / 신국판 / 280쪽 / 8,500원

마라톤, 그 아름다운 도전을 향하여
빌 로저스 · 프리실라 웰치 · 조 헨더슨 공저 /
오인환 감수 / 지창영 옮김 / 4×6배판 / 320쪽 / 15,000원

퍼팅 메커닉
이근택 지음 / 4×6배판 변형 / 192쪽 / 18,000원

아마골프 가이드
정영호 지음 / 4×6배판 변형 / 216쪽 / 12,000원

인라인스케이팅 100%즐기기
임미숙 지음 / 4×6배판 변형 / 172쪽 / 11,000원

배스낚시 테크닉
이종건 지음 / 4×6배판 / 440쪽 / 20,000원

나도 디지털 전문가 될 수 있다!!!
이승훈 지음 / 4×6배판 / 320쪽 / 19,200원

스키 100% 즐기기
김동환 지음 / 4×6배판 변형 / 184쪽 / 12,000원

태권도 총론
하웅의 지음 / 4×6배판 / 288쪽 / 15,000원

건강하고 아름다운 동양란 기르기
난마을 지음 / 4×6배판 변형 / 184쪽 / 12,000원

수영 100% 즐기기
김종만 지음 / 4×6배판 변형 / 248쪽 / 13,000원

애완견114
황양원 엮음 / 4×6배판 변형 / 228쪽 / 13,000원

건강을 위한 웰빙 걷기
이강옥 지음 / 대국전판 / 280쪽 / 10,000원

우리 땅 우리 문화가 살아 숨쉬는 옛터
이형권 지음 / 대국전판 올컬러 / 208쪽 / 9,500원

아름다운 산사
이형권 지음 / 대국전판 올컬러 / 208쪽 / 9,500원

골프 100타 깨기
김준모 지음 / 4×6배판 변형 / 136쪽 / 10,000원

쉽고 즐겁게! 신나게! 배우는 재즈댄스
최재선 지음 / 4×6배판 변형 / 200쪽 / 12,000원

맛과 멋이 있는 낭만의 카페
박성찬 지음 / 대국전판 올컬러 / 168쪽 / 9,900원

한국의 숨어 있는 아름다운 풍경
이종원 지음 / 대국전판 올컬러 / 208쪽 / 9,900원

사람이 있고 자연이 있는 아름다운 명산
박기성 지음 / 대국전판 올컬러 / 176쪽 / 12,000원

마음의 고향을 찾아가는 여행 포구
김인자 지음 / 대국전판 올컬러 / 224쪽 / 14,000원

골프 90타 깨기
김광섭 지음 / 4×6배판 변형 / 148쪽 / 11,000원

생명이 살아 숨쉬는 한국의 아름다운 강
민병준 지음 / 대국전판 올컬러 / 168쪽 / 12,000원

틈나는 대로 세계여행
김재관 지음 / 4×6배판 변형 올컬러 / 368쪽 / 20,000원

KLPGA 최여진 프로의 센스 골프
최여진 지음 / 4×6배판 변형 올컬러 / 192쪽 / 13,900원

해양스포츠 카이트보딩
김남용 편저 / 신국판 올컬러 / 152쪽 / 18,000원

KTPGA 김준모 프로의 파워 골프
김준모 지음 / 4×6배판 변형 올컬러 / 192쪽 / 13,900원

골프 80타 깨기
오태훈 지음 / 4×6배판 변형 / 132쪽 / 10,000원

신나는 골프 세상
유응열 지음 / 4×6배판 변형 올컬러 / 232쪽 / 16,000원

풍경 속을 걷는 즐거움 명상 산책
김인자 지음 / 대국전판 올컬러 / 224쪽 / 14,000원

이신 프로의 더 퍼펙트
이신 지음 / 국배판 / 336쪽 / 28,000원

주니어출신 박영진 프로의 주니어골프
박영진 지음 / 4×6배판 변형 올컬러 / 164쪽 / 11,000원

골프손자병법
유응열 지음 / 4×6배판 변형 올컬러 / 212쪽 / 16,000원

3.3.7 세계여행
김완수 지음 / 4×6배판 변형 올컬러 / 280쪽 / 12,900원

박영진 프로의 주말 골퍼 100타 깨기
박영진 지음 / 4×6배판 변형 올컬러 / 160쪽 / 12,000원

10타 줄여주는 클럽 피팅
현세용 · 서주석 공저 / 4×6배판 변형 / 184쪽 / 15,000원

여성실용

결혼준비, 이제 놀이가 된다 김창규 · 김수경 · 김정철 지음
4×6배판 변형 올컬러 / 230쪽 / 13,000원

오바마처럼 꿈에 미쳐라

2008년 5월 25일 제1판 1쇄 발행
2008년 12월 5일 제1판 5쇄 발행

지은이/정영순
펴낸이/강선희
펴낸곳/가림출판사

등록/1992. 10. 6. 제4-191호
주소/서울시 광진구 구의동 57-71 부원빌딩 4층
대표전화/458-6451   팩스/458-6450
홈페이지/ www.galim.co.kr
전자우편/galim@galim.co.kr

값 9,500원

ⓒ 정영순, 2008

저자와의 협의하에 인지를 생략합니다.

ISBN 978-89-7895-292-7 13320